Michaela Bergmann
Materialien und Kopiervorlagen
zur Klassenlektüre

Luise Holthausen

Zwei Jungs und eine Zicke

Hase und Igel®

Inhalt

www.hase-und-igel.de
Lektorat: Anna Schultes
Satz: Appel Grafik München GmbH
Illustrationen: Anna Laura Jacobi (aus der Lektüre)
und Carmen Hochmann (S. 6, 8, 22 und 30)

ISBN 978-3-86316-026-5
2. Auflage 2020

Das Buch

Im Laufe der Grundschulzeit beginnt sich das Verhältnis zwischen Jungen und Mädchen zu wandeln: Die Kinder fangen an, sich füreinander zu interessieren. So geht es im Buch „Zwei Jungs und eine Zicke“ auch Jan, der sich erstmals zu einem Mädchen hingezogen fühlt und deshalb in Streit mit seinem besten Freund gerät. Viele weitere Szenen, etwa Jans Konflikte mit seinem Bruder, werden den Schülern aus ihrem eigenen Alltag bekannt vorkommen und so schnell ihre Neugier wecken.

In Jans Familie herrscht Chaos: Sein großer Bruder Niklas ist mitten in der Pubertät und sorgt für Unruhe. Zum Glück hat Jan seinen besten Freund Timo, der auch in seine Klasse geht. Als Timo ins Krankenhaus muss, weil er von ihrem geheimen Kletterbaum gefallen ist und sich das Bein gebrochen hat, ist Jan ratlos: Wie soll er die Tage ohne Timo nur überstehen? Dann taucht Lisa auf. Die neue Schülerin weckt Jans Interesse und bringt seine Gefühlswelt ganz schön durcheinander. Richtig kompliziert wird es, als Timo zurück ist. Da ihn Jan wegen Lisa versetzt hat, schwört Timo Rache. Von nun an trifft auch er sich mit dem Mädchen. Doch eines Tages verkündet Lisa, dass sie mit jemand anderem verabredet ist. Jan und Timo vertragen sich und verbünden sich miteinander. Denn beide interessiert brennend, mit wem Lisa unterwegs ist. Sie postieren sich heimlich vor ihrem Haus und erfahren schließlich von den kleinen Schwestern, dass Lisa auf dem Spielplatz ist. Dort lernen die Jungen ihre neue Freundin Kim kennen. Kim gefällt Jan auf Anhieb. Zu viert machen sie sich auf den Weg zum geheimen Kletterbaum …

Luise Holthausen schildert altersgerecht und lebensnah die Zeit der beginnenden Pubertät. Deshalb werden sich Ihre Schüler gut in Jan hineinversetzen können, wenn er Schmetterlinge im Bauch hat oder traurig ist, weil er mit seinem besten Freund streitet. Auch Lisa, die sehr selbstbewusst auftritt, bietet Identifikationspotenzial. Das Buch liefert viele Anlässe, um im Sachunterricht behutsam die Familien- und Sexualerziehung aufzugreifen. Auch schüchterne Kinder können sich öffnen und ihre Ansichten äußern, da es vordergründig nicht um sie selbst, sondern um Jan, Timo und Lisa geht.

Mit seinem überschaubaren Umfang und den ansprechenden farbigen Illustrationen von Anna Laura Jacobi eignet sich das Buch als Lektüre ab der dritten Klasse. Als Titel der Reihe LEVEL 1, 2, 3 liegt es in drei Lesestufen vor: Level 3 enthält den ungekürzten Text in Serifenschrift. Level 2 bietet eine gekürzte, leicht zu lesende Fassung der Geschichte in Fibelschrift und Level 1 ist zusätzlich mit Silbenhilfe gesetzt. So werden insbesondere unbekannte Wörter auf Anhieb in der korrekten Silbierung gelesen und der Sinn des Textes erschließt sich einfacher und schneller. Da bei der Kürzung darauf geachtet wurde, dass der Inhalt jeder Buchseite erhalten bleibt, können die drei Fassungen parallel innerhalb einer Lerngruppe eingesetzt werden. Sie eignen sich somit hervorragend zur Differenzierung.

Das Material

Das vorliegende Unterrichtsmaterial orientiert sich an der Kapitelstruktur der Lektüre und bietet passgenaue Arbeitsaufträge für alle drei Lesestufen. Nach Gesprächs- und Schreibanlässen sowie Unterrichtsvorschlägen zu den einzelnen Abschnitten (Seite 4 bis 15) folgen drei bis sieben Kopiervorlagen zu jedem Kapitel. Zu Beginn finden Sie immer ein Arbeitsblatt, das dieselbe Überschrift wie das jeweilige Kapitel trägt und für die Sicherung des Textverständnisses sorgt. Weil hier eng am Lektüretext gearbeitet werden muss, stehen diese Blätter in differenzierter Form zur Verfügung: Jeweils ein Blatt wird von Schülern bearbeitet, die Level 1 oder 2 des Buches gelesen haben, eine Variante von denen, die Level 3 gelesen haben. Auch weitere Kopiervorlagen gibt es in zwei Versionen.

Das Material greift zentrale Aspekte der Lektüre auf, etwa Konflikte innerhalb der Familie und mit Freunden, Geschlechterklischees sowie den Umgang mit eigenen Empfindungen und den Gefühlen anderer. Die Arbeitsaufträge fordern dazu auf, sich in die handelnden Figuren hineinzuversetzen. Dies stärkt die sozial-emotionale Kompetenz der Kinder. Texte zur Bezeichnung „Zicke“, über die Pubertät und die Liebe liefern Hintergrundinformationen. Darüber hinaus knüpfen Sprach- und Wörterübungen an die Ereignisse aus der Lektüre an.

Viel Freude und Erfolg bei der Beschäftigung mit dem Buch und diesem Unterrichtsmaterial wünscht Ihnen und Ihren Schülern

Michaela Bergmann

Vor der Lektüre

Das Buch bietet zahlreiche Anlässe, fächerverbindend im Sachunterricht die Themen Familien- und Sexualerziehung zu behandeln. Sollten Sie diese Möglichkeit nutzen wollen, informieren Sie vorab die Eltern darüber. Dies kann an einem Elternabend oder in einem Brief geschehen. So geben Sie ihnen die Gelegenheit, zunächst selbst im Sinne ihrer eigenen Auffassungen und Überzeugungen mit ihren Kindern zu sprechen. Stellen Sie ihnen das Buch und die Materialien vor, die Sie im Unterricht einsetzen wollen. Dies ist allerdings kein Muss. Der Schwerpunkt der Lektüre liegt auf den Themen Freundschaft, erstes Verliebtsein und Geschlechterrollen. Im Fokus stehen vor allem die emotionalen Auswirkungen der (beginnenden) Pubertät.

1. Kapitel: Die Neue

Gesprächs- und Schreibanlässe

In Jans Familie ist morgens ganz schön was los.

- Wie läuft dein Morgen ab?
- Gibt es Gemeinsamkeiten/Unterschiede?

Jan ist von seinem Bruder genervt.

- Erzähle von einer Familiensituation, in der du einmal genervt warst.
- Hast du Geschwister? Versteht ihr euch gut miteinander? Bei welchen Themen gibt es Streit?
- Was denkt Niklas womöglich über seinen Bruder?

Timo und Jan haben einen geheimen Treffpunkt.

- Warum erzählen sie wohl niemandem davon?
- Teilst du auch ein Geheimnis mit einem Freund oder einer Freundin?

In Jans Klasse bezeichnen die Jungen ihre Mitschülerinnen als Zicken.

- Wie kommen Mädchen und Jungen in deiner Klasse miteinander zurecht?
- Bist du sowohl mit Jungen als auch mit Mädchen befreundet?

Jan hält Lisa zunächst für eine Streberin.

- Was ist ein Streber?
- Ist der Begriff positiv oder negativ gemeint?
- Was ist eigentlich dagegen einzuwenden, dass jemand fleißig und ehrgeizig ist? Welche eigenen Gefühle spielen dabei eine Rolle? (z. B. Neid)

Hinweise zu den Kopiervorlagen

Die Neue

Gerade zu Beginn der Lektüre ist es wichtig, dass die Schüler die Handlung und die verschiedenen Figuren erfassen. Nur so können sie der Geschichte im weiteren Verlauf folgen. Das Arbeitsblatt prüft das Textverständnis und die Lesegenauigkeit. Die Kinder suchen fehlende Wörter aus dem 1. Kapitel und tragen sie ein. Bei der leichteren Variante gibt es Seitenverweise, damit die entsprechenden Textstellen in der Lektüre leichter zu finden sind. Das Lösungswort ermöglicht die Selbstkontrolle.

Lösung (Level 1 und 2/Level 3)

1. NIKLAS blockiert das Bad.
2. Papa liest ZEITUNG.
3. Jan will niemals so viel duschen und mit ZICKEN telefonieren.
4. Jans bester Freund heißt TIMO.
5. Timo und Jan haben einen geheimen KLETTERBAUM.
6. VANESSA ist die „Oberzicke“ in der Klasse.
7. Die neue Schülerin trägt KLAPPERNDE Cowboystiefel.
8. Lisa hat einen KÄFER im Haar.
9. Frau MUTH setzt LISA auf Timos Platz.
10. Im Unterricht geht es um VERKEHRSSCHILDER.
11. Jan hält die Neue für eine STREBERIN.
12. Die Schüler sollen die ARBEITSHEFTE aufschlagen.

Lösungswort: VERKEHRSERZIEHUNG

Jan und seine Familie

Die erste Szene des Buches beschreibt einen ganz normalen Morgen in Jans Familie. Auf dem Arbeitsblatt wiederholen die Kinder die Ereignisse, indem sie den Figuren die jeweiligen Tätigkeiten und Gefühlszustände zuordnen. Dabei können sie sich mit einem Partner besprechen und ihre Lösungsvorschläge zunächst mit Bleistift festhalten. Schnellere Schüler überlegen sich weitere Satzergänzungen, die zu der Szene passen. Schließlich werden die Lösungen im Plenum besprochen und richtig verbunden. Die zweite Aufgabe thematisiert die Besonderheit dieses Morgens, um die Neugier der Kinder zu wecken. Lassen Sie sie Ideen äußern, was wohl im weiteren Handlungsverlauf passiert.

Lösung

Aufgabe 1:

Jan: ist von seinem Bruder genervt, macht sich auf den Weg zur Schule, isst Cornflakes
Niklas: blockiert das Bad
Mama: hämmert gegen die Tür, schimpft über Handtücher am Boden
Papa: grinst, liest Zeitung

Aufgabe 2:

Jan muss allein zur Schule gehen, weil sein Freund Timo sich das Bein gebrochen hat und im Krankenhaus liegt.

KV Seite 19/20

Ein besonderes Mädchen

Die neue Schülerin hinterlässt mit ihrem ungewöhnlichen Kleidungsstil einen tiefen Eindruck bei Jan. Auch die Kinder sollen sich ein Bild von Lisa machen. Sie lesen die Beschreibung des Mädchens, identifizieren einen falschen Satz und unterstreichen die wichtigsten Merkmale. Beim Blatt für Level 1 und 2 sind diese bereits hervorgehoben. Mithilfe des Textes malen die Schüler Lisas Oberkörper an und vervollständigen die Illustration. Im Anschluss stehen Jan und seine Gedanken über Lisa im Fokus. Bei der leichteren Variante suchen die Kinder eine Textstelle im Buch heraus. Dabei hilft ihnen die angegebene Seitenzahl. Beim Blatt für Level 3 befassen sich die Schüler mit zwei Szenen und formulieren eigenständig, was Jan denkt. Sprechen Sie gegebenenfalls über den Begriff „Streberin" (siehe „Gesprächs- und Schreibanlässe", Seite 4).

Gehen Sie abschließend im Plenum darauf ein, wie sich Jans Empfinden gegenüber der neuen Schülerin im Laufe des 1. Kapitels wandelt: Zunächst ist er sauer, weil die Lehrerin Lisa auf den Platz seines besten Freundes Timo setzt. Als nur Lisa im Unterricht mitschreibt, hält er sie für eine Streberin. Dann sieht er, dass das Mädchen eine Karikatur von Frau Muth anfertigt, und amüsiert sich darüber. Nun nimmt er Lisa anders wahr und bemerkt sogar den Duft ihrer Haare.

Lösung (Level 1 und 2)

Aufgabe 1:

Herein kommt ein Mädchen **mit klappernden Cowboystiefeln**. (…) Auf ihrem Kopf wippt ein **brauner Pferdeschwanz**. Darin sitzt ein **dicker, knallroter Käfer**. ~~Ihr Grinsen reicht von einem Ohr zum anderen.~~ Sie trägt **schmal geschnittene Jeans** und ein **enges T-Shirt**.

Aufgabe 2:

vgl. Illustration auf Seite 9 im Buch

Aufgabe 3:

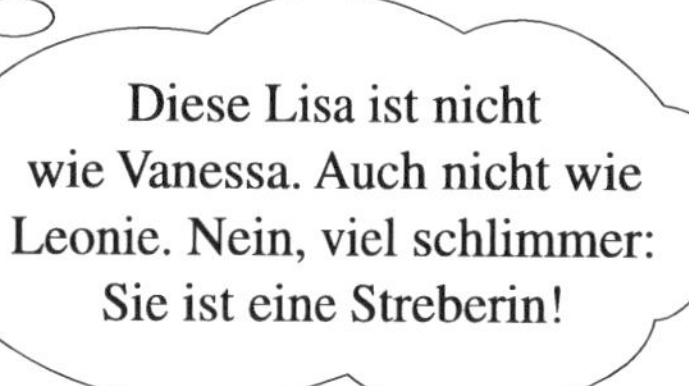

Lösung (Level 3)

Aufgabe 1:

Herein kommt ein Mädchen mit klappernden Cowboystiefeln. (…) Sie hat leuchtende Augen und oben auf ihrem Kopf wippt ein brauner Pferdeschwanz, in dem ein dicker, knallroter Käfer sitzt. ~~Ihr Grinsen reicht von einem Ohr zum anderen.~~ Sie trägt schmal geschnittene Jeans und ein kurzes, enges T-Shirt.

Aufgabe 2:

vgl. Illustration auf Seite 9 im Buch

Aufgabe 3:

z. B.

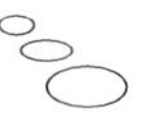

Dieser Käfer und die Klapperstiefel – das würde kein anderes Mädchen tragen! Lisa sieht zwar frech aus, aber eigentlich ist sie eine Streberin. Sonst schreibt niemand mit, was Frau Muth sagt.

KV Seite 21

Was ist eine Zicke?

Die Kopiervorlage bietet einen kurzen Sachtext über die Bezeichnung „Zicke". Da dieser Begriff in der Lektüre einen zentralen Platz einnimmt, ist es wichtig, dass allen die Bedeutung klar ist. Die Schüler lesen den Text in Einzelarbeit und kreisen Wörter, die sie nicht verstehen, mit Bleistift ein. Anschließend vergleichen sie ihre Markierungen mit denen eines Partners und können auf diese Weise womöglich erste Verständnisschwierigkeiten eigenständig beheben. Wörter, die beide eingekreist haben, schreiben sie mit Filzstift gut lesbar auf Papierstreifen und hängen diese an die Tafel. Nun können die Kinder im Plenum versuchen, die Begriffe zu klären. Dabei hilft die Methode „Wörterdetektiv" (siehe Infokasten auf Seite 6).

Nachdem alle unbekannten Wörter geklärt sind, lesen die Schüler die Fragen auf dem Blatt und markieren sie mit unterschiedlichen Farben. Allein oder mit einem Partner suchen sie dann die Antwortstellen im Text und unterstreichen sie mit der entsprechenden Farbe. Leistungsstärkere Schüler können eigene Antworten formulieren und im Heft notieren.

Entscheidend ist, dass sich die Kinder die negative Bedeutung des Begriffs vor Augen führen. Jan nennt seine Mitschülerinnen und auch die Freundinnen seines großen Bruders relativ wahllos „Zicken". Insbesondere richtet sich die Bezeichnung aber an Mädchen, die selbstbewusst auftreten, beispielsweise Vanessa. Gehen Sie auf mögliche Gründe dafür ein, etwa dass die „starken" Mitschülerinnen auf diese Weise abgewertet werden, um sich gegen sie zu behaupten.

Lösung

Aufgabe 2:

1. Was bedeutet das Wort „Zicke" ursprünglich?
2. *Warum dient die Ziege als Namensgeberin für dieses Schimpfwort?*
3. Welche Eigenschaften schreibt man einem Mädchen zu, das als „Zicke" bezeichnet wird?

(…) Ursprünglich bezeichnet das Wort „Zicke" eine weibliche Ziege. Eine Ziege *gilt als störrisch und eigensinnig.* Bedeutsam ist auch, dass *Ziegen meckern* – so nennt man es, wenn sie Laute von sich geben. (…) Eine „Zicke" hält der Sprecher für störrisch, eigensinnig, arrogant oder launisch.

Aufgabe 3:

vgl. Hinweise zur Kopiervorlage

Wörterdetektiv

Diese Methode eignet sich, um Verständnisprobleme bei Texten von den Kindern selbstständig lösen zu lassen. Ein Schüler übernimmt die Gesprächsführung, ist also der Wörterdetektiv. Er nennt jeweils einen der notierten Begriffe und fragt die Klasse, ob ihn jemand erklären kann. Der Wörterdetektiv ruft einzelne Kinder auf und leitet so das Gespräch. Die Lehrkraft greift nur ein, wenn die Schüler nicht weiterkommen oder wenn jemand eine falsche Erklärung liefert, die von den anderen nicht angezweifelt wird. Ist ein Begriff besprochen und dessen Bedeutung geklärt, entfernt man den entsprechenden Streifen von der Tafel. So werden alle Wortkarten abgearbeitet.

KV Seite 22

Im Schilderwald

In der Lektüre beschäftigt sich die Klasse im Unterricht mit Verkehrsschildern. Da das Thema „Verkehrserziehung" im Lehrplan der Grundschule einen wichtigen Platz einnimmt, bietet es sich an, es an dieser Stelle aufzugreifen. Mithilfe der Kopiervorlage kann ein kleines Verkehrsbüchlein gebastelt werden. Die Kinder betrachten zunächst die Zeichnungen der Verkehrsschilder und malen sie in den richtigen Farben an. Hierfür können als Hilfestellung magnetische Verkehrszeichen herangezogen werden, die es an vielen Schulen gibt. Sprechen Sie gemeinsam über die Bedeutung der einzelnen Schilder. Sicher fällt es dann nicht mehr schwer, ihnen die passende Bezeichnung zuzuordnen. Erläutern Sie, dass das Verkehrszeichen „Halt, Vorfahrt gewähren!" auch „Stoppschild" genannt wird (vgl. Seite 11 im Buch). Abschließend schneiden die Schüler die Seiten aus, legen sie aufeinander und heften sie zusammen.

Lösung

 Fußgängerüberweg

 Achtung, Baustelle!

 Verbot für Fahrräder

 Gehweg

 Radweg

 Vorfahrtsstraße

 Vorfahrt gewähren!

Halt, Vorfahrt gewähren!

2. Kapitel: Das Telefon läuft heiß

Gesprächs- und Schreibanlässe

Niklas und Jan telefonieren mit ihren Freunden.

- Wie hältst du Kontakt zu anderen?
- Benutzt du zum Telefonieren das Festnetztelefon oder hast du ein Handy? Wie ist das bei deinen Freunden?

Jan freut sich, dass Timo aus dem Krankenhaus kommt.

- Wie fühlt es sich an, einen besten Freund oder eine beste Freundin zu haben?

- Was macht so eine Freundschaft besonders?
- Hast du oder hattest du schon einmal einen besten Freund oder eine beste Freundin? Warum seid ihr oder wart ihr beste Freunde?

Niklas schleudert Jan das Telefon entgegen und es landet auf dem Boden.

- Warum reagiert Niklas wohl so heftig?
- War es seine Absicht, das Telefon auf den Boden zu werfen?
- Fällt dir eine Situation ein, in der du selbst überreagiert hast? Erzähle.

Jan ist verblüfft, als Lisa ihn anruft und um Hilfe bittet.

- Warum will er nicht, dass Lisa zu ihm nach Hause kommt?
- Jan bricht zu Lisa auf. Was hat er vergessen? Welchen Grund könnte das haben?
- Wie wird Timo wohl reagieren? Überlege dir, wie die Geschichte weitergehen könnte.

Hinweise zu den Kopiervorlagen

Das Telefon läuft heiß
Mit diesem Blatt kann das Textverständnis des 2. Kapitels gesichert werden. Die Schüler beantworten Fragen zum Inhalt und vollziehen so den Handlungsverlauf nach. Die Antworten suchen sie in einem Gitterrätsel. Bei der leichteren Variante sind die Anfangsbuchstaben fett gedruckt, sodass sich die Kinder besser orientieren können. Erläutern Sie ggf., dass die Wörter auch diagonal (von links unten nach rechts oben) im Gitter stehen können. Die gefundenen Begriffe werden farbig markiert und aufgeschrieben.

Lösung (Level 1 und 2/Level 3)

1. Lohmann
2. Timo
3. Gehgips
4. Computer
5. Fahrrad
6. Niklas
7. Lisa
8. Hausaufgabe
9. Papa

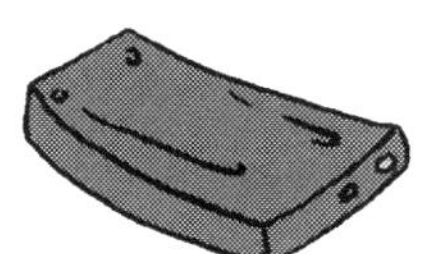

G	R	F	L	S	A	Q	G	Z	U	W	N
L	I	S	A	M	O	Y	E	L	B	R	F
O	H	E	P	X	V	I	H	P	D	S	A
H	A	U	S	A	U	F	G	A	B	E	H
M	N	R	Q	R	C	F	I	H	S	P	R
A	I	S	L	C	O	M	P	U	T	E	R
N	F	P	W	E	N	C	S	B	U	K	A
N	G	T	A	V	B	A	H	R	W	X	D
Y	V	P	L	U	L	P	S	F	K	I	U
D	A	Z	I	K	H	U	E	T	G	L	N
P	M	F	I	Z	B	K	D	S	V	T	M
T	K	N	N	F	T	I	M	O	S	D	O
Z	A	B	K	S	R	F	E	L	I	S	R

KV Seite 25

Zwei Telefongespräche
Jan telefoniert im 2. Kapitel zunächst mit seinem Freund Timo und dann mit Lisa. Der Charakter dieser beiden Gespräche ist sehr unterschiedlich. Darin zeigen sich das Verhältnis der Gesprächspartner und der Grad ihrer Vertrautheit. Dies wird in einem Rollenspiel herausgearbeitet. Die Kopiervorlage bietet die zwei Telefonate in Kurzform (Textauszüge aus Level 2, Seite 13 und Seite 15/16). Ihre Schüler lesen die Dialoge zunächst mit verteilten Rollen, um sich in die Figuren einzufühlen. Bei der szenischen Gestaltung helfen Leseanweisungen.

Anschließend können die Kinder sicher nachvollziehen und erläutern, wieso sich Jans Stimme verändert, als Lisa am Telefon ist (Aufgabe 2). Sprechen Sie gemeinsam darüber, dass Jan seinen Freund vor lauter Aufregung über Lisas Anruf vergisst und wie Timo wohl reagiert (siehe „Gesprächs- und Schreibanlässe", linke Spalte).

Lösung
Aufgabe 2:
An Jans Stimme hört man, dass er sich über Timos Anruf und dessen Rückkehr in die Schule freut. Die beiden sprechen vertraut miteinander. Lisas Anruf hingegen überrascht Jan. Er ist nervös und unsicher, was man an seinen stockenden Antworten merkt.

Achtung, Pubertät!
Die Pubertät als Zeit des Erwachsenwerdens spielt in der Lektüre eine große Rolle. Mithilfe des altersgemäßen Sachtexts auf der Kopiervorlage beschäftigen sich Ihre Schüler näher mit dieser Lebensphase. Bei der leichteren Variante wird der Text in einer kürzeren und sprachlich vereinfachten Fassung angeboten.

Außerdem sind die zentralen Fakten bereits fett hervorgehoben, um den Kindern das Erfassen der Kernaussagen zu erleichtern.

Dies hilft ihnen auch dabei, die zweite Aufgabe zu bearbeiten. Leistungsstärkere Schüler wählen selbstständig drei Begriffe oder Aussagen aus dem Text, die sie für wichtig erachten. Alle notieren ihre Ergebnisse auf Karteikarten und besprechen sie mit einem Partner. Danach werden die Kernaussagen des Textes im Plenum zusammengetragen.

Anschließend suchen die Kinder Beispiele aus der Lektüre, die zeigen, dass Jans großer Bruder Niklas in der Pubertät ist. Gehen Sie auch auf erste Anzeichen bei Jan selbst ein: Bisher hat der Junge die Mädchen in der Klasse eher als anstrengend empfunden. Lisa hingegen findet er schnell interessant und fühlt sich zu ihr hingezogen.

Lösung (Level 1 und 2)

Aufgabe 3:

z. B. schleudert Jan das Telefon entgegen, trampelt genervt die Treppe hinauf, streitet mit seiner Mutter

Lösung (Level 3)

Aufgabe 3:

z. B. blockiert das Bad, streitet mit seiner Mutter, telefoniert mit Mädchen, blafft Lisa am Telefon an, schleudert Jan den Apparat entgegen, knallt seine Zimmertür zu

3. Kapitel: Der geheime Baum

Gesprächs- und Schreibanlässe

Jan hat ein „komisches Gefühl" (Seite 17), als er vor Lisas Tür steht.

- Was empfindet er wohl? Beschreibe dieses Gefühl.
- In welcher Situation hattest du schon einmal ein „komisches Gefühl"?

Lisa hat zwei kleine Schwestern.

- Warum ist Lisa genervt von den Zwillingen?
- Woran liegt es, dass einem Geschwister öfter mal auf die Nerven gehen?
- Wann ist es schön, Geschwister zu haben?

Jan führt Lisa zum geheimen Kletterbaum.

- Warum zeigt er ihr diesen besonderen Ort?
- Was würde Timo wohl dazu sagen?

Jan genießt es, in Lisas Nähe zu sein: „Alles andere hat Zeit bis später." (Seite 23)

- Was mag Jan an Lisa? (z. B. Kleidungsstil, Zeichentalent, ihr Lachen)
- Warum fallen ihm an Lisa Dinge auf, die ihn bisher nicht interessiert haben, z. B. ihr frisch gewaschenes Haar?
- Mit wem verbringst du besonders gerne deine Zeit?

Hinweise zu den Kopiervorlagen

KV Seite 28/29

Der geheime Baum

Die vorliegende Kopiervorlage prüft das Textverständnis des 3. Kapitels. Die Schüler ordnen die Satzstreifen in der richtigen Reihenfolge. Bei der einfacheren Variante sind es nur sieben Streifen, bei der anspruchsvolleren neun. Die Selbstkontrolle ist durch das sich ergebende Bild möglich (vgl. Illustration auf Seite 9 im Buch).

Mein Fahrrad ist verkehrssicher

Hier wird erneut das Thema „Verkehrserziehung" aufgegriffen. Für die Fahrradprüfung müssen die Kinder die wichtigsten Teile kennen. Auf dem Blatt üben sie die Zuordnung. Das Fahrradschloss ist nicht abgebildet und muss ergänzt werden.

Lösung

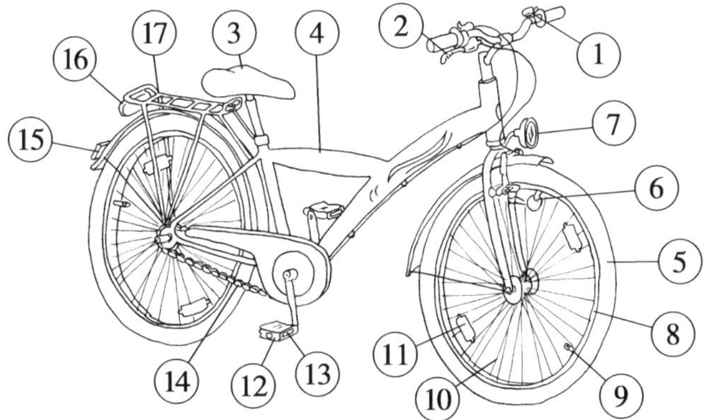

Weiterführende Anregungen

- Schauen Sie sich gemeinsam verschiedene Fahrräder aus dem Fundus der Schule an. So prägen sich die Kinder die Teile besser ein. Eventuell werden sie feststellen, dass manche Dinge unterschiedlich aussehen (etwa die Reflektoren oder der Rückstrahler), aber dennoch dieselbe Funktion erfüllen.
- Als Hausaufgabe können die Schüler ihr eigenes Fahrrad auf Verkehrssicherheit prüfen. Das Arbeitsblatt dient dabei als Checkliste.

KV Seite 31

Fünf Fakten über Geschwister

Geschwister und ihr Verhältnis zueinander ist immer wieder Thema in der Lektüre. Viele Kinder kennen die Streitigkeiten, aber auch die positiven Aspekte aus ihrem Alltag. Die Kopiervorlage bietet einige Forschungsergebnisse zu Geschwistern, mit denen sich die Schüler mithilfe der Methode „Think – Pair – Share“ auseinandersetzen sollen (siehe Infokasten). Zunächst beschäftigen sie sich individuell mit den vorgegebenen Aussagen, indem sie ihre Plausibilität bewerten. Anschließend vergleichen sie ihre Überlegungen mit einem Partner, bevor diese im Plenum vorgetragen und diskutiert werden.

Manche Studienergebnisse erscheinen den Kindern bestimmt schlüssig, da ihnen die Fakten aus ihrer eigenen Lebenswelt bekannt sind (z. B. Geschwister streiten sich dauernd). Lassen Sie sie von ihren Erfahrungen berichten, von ihrem Verhältnis zu ihren Geschwistern erzählen und darlegen, wie sie die Situation in ihrer eigenen Familie erleben. Andere Aussagen erscheinen auf den ersten Blick vielleicht weniger logisch (z. B. Risikobereitschaft jüngerer Geschwister). Besprechen Sie mögliche Gründe gemeinsam. Die größere Risikobereitschaft kann beispielsweise damit zusammenhängen, dass sich Eltern um das erstgeborene Kind besonders sorgen. Jüngere Geschwister werden weniger behütet, dürfen mehr ausprobieren und trauen sich deshalb auch mehr. Manche Forscher vermuten, dass der etwas höhere Intelligenzquotient von Erstgeborenen auf ihren sozialen Rang innerhalb der Familie zurückzuführen ist: Sie bringen ihren Geschwistern vieles bei und profitieren auch selbst von ihrer Rolle als „Lehrer“.

Think – Pair – Share

Diese kooperative Methode ist sehr vielfältig einsetzbar. Die Schüler erhalten eine Aufgabe zur Erarbeitung, Durchdringung oder Wiederholung von Lernstoff, die sie innerhalb eines bestimmten Zeitraums individuell lösen. Danach besprechen und vergleichen sie ihre Lösung in vorgegebener Zeit mit einem Partner. Abschließend wird das Ergebnis im Plenum vorgestellt und diskutiert. Indem die Kinder mehrere Arbeitsschritte in unterschiedlichen Konstellationen durchlaufen, wird die Aktivität jedes einzelnen Schülers um ein Vielfaches erhöht.

Jan, Timo und Lisa

Diese Kopiervorlage wiederholt den Inhalt der ersten drei Kapitel und festigt so das Wissen über die Figuren. Die Kinder rufen sich die Ereignisse noch einmal in Erinnerung oder schlagen bei Bedarf im Buch nach. Der Lösungssatz ermöglicht die Selbstkontrolle. Die Aufgabe eignet sich sehr gut für eine Partnerarbeit, besonders wenn die Paare heterogen gebildet werden. Leistungsschwächere Schüler können von leistungsstärkeren profitieren und haben gleichzeitig das motivierende Gefühl, zur Lösung des Rätsels beigetragen zu haben.

Lösung

Aufgaben 1 und 2:

Lisa und Jan unterhalten sich am GEHEIMEN BAUM.

4. Kapitel: Stress mit Timo

Gesprächs- und Schreibanlässe

Jan benutzt die Kosmetikartikel seines Bruders.

- Warum interessiert er sich auf einmal dafür?
- Als Niklas sich beschwert, sagt der Vater: „Willkommen im Club.“ (Seite 25) Was will er damit ausdrücken?

Noch einen Sohn mit Frühlingsgefühlen halten die Nerven der Mutter nicht aus.

- Was meint sie mit dem Ausdruck „Frühlingsgefühle“?
- Hattest du schon einmal Frühlingsgefühle? Erzähle einem vertrauten Mitschüler davon.

In der Schule ist Timo schlecht gelaunt, weil Jan ihn am Vortag versetzt hat.

- Vergleiche Jans und Timos Stimmung an diesem Morgen. Was sind die Gründe dafür?
- Wie verlaufen die beiden Gespräche im Klassenzimmer und auf dem Schulhof?
- Könnte man den Konflikt auch anders klären?

Jan hat seinen Freund wegen Lisa versetzt und denkt kurz darüber nach, Timo nicht die Wahrheit zu sagen.

- Hast du schon einmal einen guten Freund belogen?
- Wie können sich Lügen auf eine Freundschaft auswirken?

Timo will sich an Jan rächen.

- Was bedeutet das?
- Kannst du Timo verstehen? Begründe.

Lisa verändert das Verhältnis der beiden Jungen zueinander.

- Warum passiert das?
- Woran kann man diese Veränderung feststellen?
- Was könnten die Jungen dagegen unternehmen?

Hinweise zu den Kopiervorlagen

Stress mit Timo

Die Prüfung der Textkenntnis des 4. Kapitels erfolgt auf diesem Blatt, das in zwei Varianten vorliegt, über einen Lückentext. Bei der Version für Level 1 und 2 müssen weniger Wörter in den gekürzten Text eingesetzt werden. Die Bearbeitung des Blattes für Level 3 können Sie für starke Schüler zusätzlich erschweren, indem Sie die einzusetzenden Wörter vor dem Kopieren abdecken.

Die Gespräche zwischen Jan und Timo an diesem Morgen eignen sich hervorragend zum Lesen mit verteilten Rollen bzw. zum szenischen Spiel (siehe „Weiterführende Anregung", rechte Spalte). Der Schlüsselmoment in diesem Kapitel ist die Situation, als Timo versteht, dass Jan ihn wegen Lisa versetzt hat. Im Austausch mit einem Partner können sich die Kinder die folgende Szene auf dem Schulhof noch einmal vor Augen führen und überlegen, wie sie anders hätte verlaufen können (siehe „Gesprächs- und Schreibanlässe", Seite 9). Diese Variante des Gesprächs spielen sie ebenfalls nach.

Lösung (Level 1 und 2)
Aufgabe 1:
z. B.

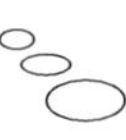

Was ist hier nur los? Erst kommt Jan nicht zu Besuch, wie es ausgemacht war. Dann hockt auf meinem Platz die neue Zicke. Es fühlt sich an, als wär ich ewig weg gewesen. Und warum stinkt Jan so fürchterlich nach Deo?!

Aufgabe 2:
Timo sitzt auf seinem Platz. Er ist verärgert, weil Jan ihn am Vortag versetzt hat.
„Wonach riechst'n du?", fragt Timo.
Jan rückt ein bisschen von ihm ab. „Niklas hat gestern totalen Stress gemacht", murmelt er. „Es war echt die Hölle los."
„Na und?", entgegnet Timo. „Bei euch ist doch ständig die Hölle los."
Da kommt Lisa und bedankt sich bei Jan für seine Hilfe bei der Hausaufgabe.
Jetzt weiß Timo, was los ist. Erst starrt er Jan nur an. Dann sagt er: „Komm mal mit vor die Tür. Wir haben was zu klären."

Lösung (Level 3)
Aufgabe 1:
siehe Lösung zu Level 1 und 2

Aufgabe 2:
Timo sitzt auf seinem Platz und macht ein finsteres Gesicht. Er ist verärgert, weil Jan ihn am Vortag versetzt hat.
„Wonach riechst'n du?", fragt Timo.
Jan rückt ein bisschen von ihm ab. „Niklas hat gestern totalen Stress gemacht", murmelt er. „Es war echt die Hölle los."
„Na und?", entgegnet Timo. „Bei euch ist doch ständig die Hölle los."
Da kommt Lisa und bedankt sich bei Jan für seine Hilfe.
Jetzt weiß Timo, was los ist. Erst starrt er Jan nur an. Dann sagt er: „Komm mal mit vor die Tür, wir haben was zu klären."

Weiterführende Anregung
Zwei Gespräche zwischen Jan und Timo sollen mit verteilten Rollen gelesen werden: Die Szene, in der Jan und Timo sich das erste Mal in der Schule wiedersehen (Seite 25/26), und die Aussprache auf dem Pausenhof (Seite 28/29). Lassen Sie die Schüler die wörtliche Rede von Timo und Jan in unterschiedlichen Farben markieren und anschließend lesen. Sie sollen sich dadurch in die Figuren einfühlen: Wie geht es Timo? Was empfindet Jan? Wie drücken sich die Gefühle der beiden Jungen in der Art ihres Sprechens aus? Auf dieser Basis lassen sich die Gespräche auch gut als szenisches Spiel umsetzen.

Gefühlsuhr

Die Emotionen, die die Figuren im Buch durchleben, bieten einen Ausgangspunkt, um verschiedene Gefühle zu thematisieren. Kinder haben manchmal Probleme damit, ihre Empfindungen einzuordnen und angemessen auszudrücken. Häufig fehlt es noch am entsprechenden Vokabular. Mit der Gefühlsuhr sollen sie unterschiedliche Emotionen kennenlernen. Kopieren Sie das Blatt vergrößert, damit auf der Uhr genug Platz für die individuelle Gestaltung ist.

Im Plenum können die einzelnen Stimmungen zunächst besprochen werden. Lassen Sie die Schüler Situationen schildern, in denen sie sich selbst so gefühlt haben, um die Empfindungen greifbar zu machen. Gemeinsam wird überlegt, welche Körpersprache mit den Gefühlen verbunden ist. Anschließend zeichnen die Kinder passende Bilder auf ihre Uhr. Alternativ können Sie auch eine Fotoaktion durchführen. In Partnerarbeit machen die Schüler gegenseitig Fotos voneinander. Mithilfe von Gesichtsausdrücken und Gesten stellen sie die Gefühle nach.

Bevor die Kinder ihre Gefühlsuhr mit nach Hause nehmen, bietet sich folgende Übung zur Förderung der emotionalen Intelligenz an: Jeweils ein Schüler soll eine Empfindung pantomimisch darstellen. Die anderen drehen den Zeiger auf ihrer Uhr auf das entsprechende Gefühl. Diese Aufgabe eignet sich sehr gut für die Kleingruppe, da sich die Kinder in diesem Rahmen häufig wohler fühlen als vor der ganzen Klasse. Erfahrungsgemäß fällt ihnen sowohl das Darstellen als auch das Erkennen der Gefühle schwer. Die Gefühlsuhr ist sehr anschaulich. Sicher hilft sie den Schülern dabei, die entsprechende Mimik und Gestik zu finden bzw. zu entschlüsseln.

5. Kapitel: Der Wettkampf

Gesprächs- und Schreibanlässe

Jan will Lisa erklären, dass Timo sein bester Freund ist. Aber sie ist nicht zu Hause.

- Was erfährt Jan von Lisas Schwester?
- Wie fühlt er sich bei dieser Nachricht?

Niklas nennt Jan an zwei Stellen „Kleiner“ (Seite 31 und 32).

- Wie ist die Bezeichnung jeweils gemeint? (An der ersten Stelle ist es eher abwertend gemeint, an der zweiten Stelle liebevoll.)
- Sprecht beide Aussagen von Niklas laut. Die Tonlage ist unterschiedlich. Warum? (Zunächst ist Niklas genervt, weil Jan in seinem Zimmer auftaucht. Dann ist er aber doch stolz, dass sein kleiner Bruder Rat bei ihm sucht.)

Jan wünscht sich, dass Lisa das Treffen mit Timo nicht gefallen hat.

- Warum wünscht er sich das?
- Jan ist eifersüchtig. Woran merkt man das?

Am Ende des Kapitels hat Lisa keine Zeit, weil sie schon mit jemand anderem verabredet ist.

- Wie fühlen sich Jan und Timo wohl, als sie davon erfahren?
- Mit wem könnte sich Lisa treffen?

Hinweise zu den Kopiervorlagen

Der Wettkampf
Die Prüfung der Textkenntnis des 5. Kapitels erfolgt über Fragen zum Inhalt. Die Schüler wählen aus drei Antwortmöglichkeiten die richtige. Die Silben dahinter ergeben einen Lösungssatz zur Selbstkontrolle. Die leichtere Variante berücksichtigt den gekürzten Lektüretext und es gibt Seitenverweise, damit die entsprechenden Stellen einfacher zu finden sind. Auf diese Weise üben die Kinder das Beleglesen und kommen eigenständig zur Lösung.

Lösung (Level 1 und 2/Level 3)
Lösungssatz: Mit wem trifft sich Lisa am Nachmittag?

Piepsen, rufen, brüllen
Im Mittelpunkt des Arbeitsblatts stehen Verben aus dem Wortfeld „sagen“. Zum einen prägen sich die Schüler so Wörter ein, die sie in eigenen Texten nutzen können, um diese abwechslungsreich zu gestalten. Zum anderen machen sie sich bewusst, dass es viele Möglichkeiten gibt, etwas zu sagen (laut, leise, froh etc.).

Lösung
Aufgabe 1:
1. „Wer bist du denn?“, piepst die Minizicke.
2. „Nerv mich nicht, Kleiner“, zischt Niklas gereizt.
3. „Und was soll ich mit ihr machen?“, fragt Jan.
4. „Ich weiß schon was!“, ruft Jan und sprintet zur Tür.
5. „Jan und Lisa, das Liebespaar!“, schreit Vanessa.

Aufgabe 2:
laut sagen: rufen, schreien, brüllen
leise sagen: piepsen, flüstern, murmeln
froh oder glücklich sagen: prusten, scherzen, jubeln
böse oder wütend sagen: zischen, knurren, schimpfen
besorgt oder unglücklich sagen: seufzen, stöhnen, klagen

Eiskalt abgehängt
Hier geht es um die sprachliche Wirkung von Zusammensetzungen aus Nomen und Adjektiven. Zunächst bilden die Schüler solche Adjektive. Dann setzen sie ausgewählte Begriffe in zwei Sätze aus dem Buch

ein. Die Seitenzahlen sind angegeben, damit die Kinder bei Bedarf in der Lektüre nachschlagen können.

Lösung

Aufgabe 1:

messerscharf, blitzartig, felsenfest, kirschrot, sonnenklar, schneeweiß, pfeilschnell, eiskalt, steinreich

Aufgabe 2:

Timo hat Jan eiskalt abgehängt.
Da hat Jan einen blitzartigen Einfall.

Typisch Mädchen – typisch Junge?

Diese Kopiervorlage dient als Grundlage für ein angeregtes Unterrichtsgespräch. Die Schüler ordnen die vorgegebenen Begriffe zu Aussehen, Eigenschaften und Vorlieben den Kategorien „Typisch Mädchen" bzw. „Typisch Junge" zu. Sicher sind die Kinder hinsichtlich der Zuordnung einiger Kärtchen unterschiedlicher Meinung, sodass eine fruchtbare Diskussion über Rollenbilder und -klischees entstehen kann. Lassen Sie die Schüler Beispiele aus der Lektüre nennen, die keine klassischen Geschlechterrollen bedienen, z. B.:

- Niklas telefoniert häufig.
- Niklas und Jan verbringen viel Zeit im Bad.
- Nicht nur Lisa kann gut zeichnen, sondern auch Jan. Er malt ihr das Fahrrad für die Hausaufgabe.
- Lisas Schreibtisch ist genauso unordentlich wie der von Jan (Level 3).
- Lisa interessiert sich für Computerspiele.

Weiterführende Anregung

Die Kinder versuchen, sich in das jeweils andere Geschlecht hineinzuversetzen und eine Geschichte mit dem Titel „Wenn ich einen Tag lang ein Junge/ein Mädchen wäre …" zu schreiben. Zur Einführung bietet es sich an, eine Fantasiereise durchzuführen: Die Schüler begegnen einem Zauberer, der es ihnen ermöglicht, für einen Tag in das andere Geschlecht zu schlüpfen.

KV Seite 41

Was denkt eigentlich Lisa?

Jan und Timo tragen einen Wettkampf um Lisa aus. Ob sich das Mädchen davon geschmeichelt fühlt oder eher mit der Situation überfordert ist, bleibt in der Lektüre relativ offen. Auf diesem Blatt haben die Kinder die Gelegenheit, sich in Lisa einzufühlen und ihre Gedanken zu notieren.

6. Kapitel: Vier unter dem Kletterbaum

Gesprächs- und Schreibanlässe

„Jan ist sprachlos." (Seite 37)

- Warum ist er sprachlos?
- Hast du schon einmal eine Situation erlebt, in der du einfach nichts mehr sagen konntest? Erzähle davon.
- Mit welchem Nomen würdest du Jans Gefühle beschreiben? (z. B. Enttäuschung, Fassungslosigkeit)

Als die Jungen zusammen zu Mittag essen, bekommt Jan kaum einen Bissen herunter.

- Warum hat er keinen Appetit?
- Wieso können die beiden bei Timo zu Hause nicht richtig reden?

Unter dem geheimen Kletterbaum sprechen sich Jan und Timo aus.

- Was kommt dabei alles zur Sprache?
- Warum fällt es ihnen an diesem Ort leichter, miteinander zu reden?
- Erkläre, warum das Gespräch den beiden guttut.
- Wie fühlt man sich, wenn man mit seinem besten Freund oder seiner besten Freundin streitet?

Die Jungen wollen unbedingt herausfinden, mit wem Lisa verabredet ist.

- Warum verbünden sie sich plötzlich?
- Wie sieht ihr Plan aus?
- Wo und mit wem finden sie Lisa schließlich?

Hinweise zu den Kopiervorlagen

Vier unter dem Kletterbaum

Das Rätsel dient der Sicherung des Textverständnisses des 6. Kapitels und liegt in zwei Schwierigkeitsstufen vor. Die leichtere Variante berücksichtigt den gekürzten Lektüretext und es sind einige Buchstaben der

Antworten vorgegeben. Das Lösungswort ermöglicht die Selbstkontrolle.

Lösung (Level 1 und 2)

1 → KIM
2 → SPRACHLOS
3 → GEDICHT
4 → MÜLLTONNEN
5 → SPIELPLATZ
6 → KRÜCKEN
7 → ROT
8 → DEUTSCHBUCH
9 → PIZZA
10 → WURZEL
11 → GEMEIN

Lösung (Level 3)

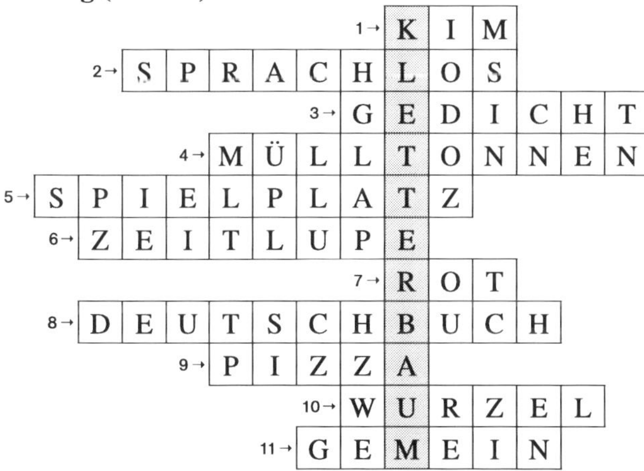

Lösungswort (für beide Varianten): KLETTERBAUM

KV Seite 44

Großvateruhr und Porzellantiere

Als die Jungen bei Timo zu Mittag essen, sieht sich Jan im Raum um. Die Beschreibung des Zimmers beinhaltet drei Komposita. Auf dem Arbeitsblatt wird dieses Thema aufgegriffen. In der ersten Aufgabe identifizieren die Schüler die zusammengesetzten Nomen im Satz aus der Lektüre. Lassen Sie sie zunächst einzeln arbeiten. Anschließend tragen die Kinder die drei Wörter im Plenum zusammen. Schreiben Sie die Beispiele (siehe Lösung zu Aufgabe 1) untereinander an die Tafel.

Notieren Sie dann ein weiteres Wort aus der Lektüre: Kletterbaum. Fragen Sie die Schüler nach dem Unterschied zwischen den Wörtern. Sicher erkennen sie, dass die ersten drei aus zwei Nomen gebildet sind. „Kletterbaum" hingegen besteht aus einem Verb und einem Nomen. Unterstreichen Sie ggf. den ersten Wortteil. Nun können im Unterrichtsgespräch die verschiedenen Möglichkeiten thematisiert werden, Komposita zu bilden. Eine Zusammenfassung finden die Kinder auf dem Blatt. Sie wenden ihr Wissen an, indem sie abschließend Nomen aus unterschiedlichen Wortarten zusammensetzen. Thematisieren Sie Besonderheiten wie Fugenbuchstaben (Sonnenblume) und entfallende Buchstaben (Lesebuch, Schreibtisch, Schwimmbad).

Lösung

Aufgabe 1:

An der Wand tickt eine Großvateruhr, im Schrank stehen lauter Porzellantiere und aus tausend Bilderrahmen grinsen ihn irgendwelche Onkel, Tanten, Cousinen und Cousins an.

Aufgabe 2:

Nomen + Nomen	Verb + Nomen	Adjektiv + Nomen
Sonnenblume	Lesebuch	Stummfilm
Fahrradweg	Schreibtisch	Hochhaus
Computermaus	Schwimmbad	Schnellstraße

Weiterführende Anregung

Ein schönes Spiel, bei dem die Schüler die Bildung von zusammengesetzten Nomen üben, ist die Wörterschlange. Es eignet sich besonders für Kleingruppen. Das erste Kind nennt ein Wort, das zweite verlängert es durch das Anhängen eines weiteren Begriffs etc. Wer nichts mehr hinzufügen kann oder ein sinnloses Wort bildet, hat verloren. Ob das Wort einen Sinn ergibt, entscheidet die Gruppe gemeinsam.

Die gefundenen Begriffe können als Treppenwörter aufgeschrieben werden, z. B.:

Donau
Donaudampfschiff
Donaudampfschifffahrt
Donaudampfschifffahrtskapitän
Donaudampfschifffahrtskapitänsmütze
Donaudampfschifffahrtskapitänsmützenfarbe

Fuß
Fußboden
Fußbodenschleifer
Fußbodenschleifmaschine
Fußbodenschleifmaschinenverleih
Fußbodenschleifmaschinenverleihbesitzer

Nutzen Sie die gesammelten Treppenwörter zum Blitzlesen. Legen Sie sie abgedeckt unter die Dokumentenkamera und präsentieren Sie jede Zeile nur kurz. So erweitern die Kinder ihre Blickspanne und trainieren die Lesegeschwindigkeit.

Fast geplatzt?!

Hier wird das Stilmittel der Übertreibung thematisiert. Anhand eines Satzes aus der Lektüre sollen die Schüler erkennen, was eine Übertreibung ist und wozu sie dient. Anschließend identifizieren sie weitere Beispiele und erklären ihre Bedeutung, indem sie die Sätze umformulieren. Nun fällt es den Kindern sicher nicht schwer, dieses Stilmittel selbst anzuwenden und zwei Sätze zu bilden.

Lösung

Aufgabe 1:
Timo braucht sehr lange für den Weg.

Aufgabe 2:
1. Ich wäre vor Glück fast geplatzt, als sie mich anlächelte.
2. Er weinte ein Meer aus Tränen.
3. Ich könnte einen Elefanten verspeisen.
4. Wegen des Streiches war er zu Tode beleidigt.
5. Heute könnte ich Berge versetzen.

Aufgabe 3:
1. Ich war sehr glücklich, als sie mich anlächelte.
2. Er weinte viel.
3. Ich habe großen Hunger.
4. Wegen des Streiches war er sehr gekränkt.
5. Heute fühle ich mich sehr stark.

Aufgabe 4:
1. Das haben wir schon tausend Mal besprochen.
2. Beim Arzt musste ich eine Ewigkeit warten.

Rund um die Liebe

Auf diesem Arbeitsblatt, das in zwei Varianten vorliegt, dreht sich alles um die Liebe. Zunächst beschäftigen sich die Schüler mit der Wortfamilie. Dabei können sie ein Wörterbuch benutzen. Der folgende Text beschreibt Liebe in der Familie, in der Partnerschaft und unter Freunden. Indem sich die Kinder jeweils zu zweit austauschen, machen sie sich die unterschiedlichen Ausprägungen von Liebe bewusst. Anschließend ordnen sie die Begriffe aus der Wortfamilie passend zu. So führen sie sich die Gemeinsamkeiten und Unterschiede vor Augen. Sie sollen feststellen, dass Liebe immer ein Gefühl der Verbundenheit ist und deshalb die meisten Wörter mehrfach eingekreist werden können. Nur Begriffe wie „verlieben" und „Liebesbrief" lassen sich eindeutig zuordnen.

Lösung (Level 1 und 2)

Aufgabe 1:
verlieben, lieb, Liebesbrief, liebevoll, Liebling

Aufgabe 2:
z. B. liebenswürdig, Liebeskummer, lieblos

Aufgabe 5:
z. B. Liebe in der Familie: lieb, liebevoll, Liebling
Liebe in der Partnerschaft: verlieben, lieb, Liebesbrief, liebevoll, Liebling
Liebe unter Freunden: lieb, liebevoll

Lösung (Level 3)

Aufgaben 1 und 2:
z. B. lieb, liebevoll, lieblos, liebkosen, verlieben, Liebesbrief, Liebeskummer, Liebling

Aufgabe 5:
z. B. Liebe in der Familie: lieb, liebevoll, liebkosen, Liebling
Liebe in der Partnerschaft: lieb, liebevoll, liebkosen, verlieben, Liebesbrief, Liebeskummer, Liebling
Liebe unter Freunden: lieb, liebevoll

Vier Freunde

Die letzte Szene der Lektüre deutet eine Auflösung des Konflikts an, geht aber nicht näher auf die Gefühle der Kinder ein. Das Arbeitsblatt regt die Schüler dazu an, sich in die Figuren hineinzuversetzen und ihre Empfindungen in Worte zu fassen. Zunächst lesen sie im Buch nach, wie die vier zum Kletterbaum kommen und sich alle zusammen auf die Wurzel setzen (Seite 47/48). Um sich die Situation vor Augen zu führen, hilft die Abschlussillustration, die auch auf dem Blatt abgebildet ist.

Anhand einiger Leitfragen sollen die Kinder die Gedanken der Figuren verbalisieren: Was ist passiert, bevor die vier ins Wäldchen gegangen sind? Wie haben sie sich gefühlt? Waren sie zufrieden oder haben sie sich Sorgen gemacht? Wie ist die Situation jetzt? Da die erste Aufgabe auf dem Blatt anspruchsvoll ist, beschäftigen sich die Schüler am besten partner- oder gruppenweise nur mit einer Figur. Gehen Sie darauf ein, dass die Gedanken in der Ich-Form formuliert werden sollen.

Sammeln Sie einige Lösungen an der Tafel. Die Kinder übertragen den Vorschlag, der am ehesten ihrer Ansicht entspricht, in die Gedankenblasen. Alternativ können sie sich auch nur davon inspirieren lassen und einen eigenen Text verfassen. Da es um das Nachempfinden von Gefühlen geht, sollten die Ergebnisse möglichst akzeptiert und nicht zu streng bewertet werden.

Besprechen Sie abschließend im Plenum, warum am Ende alle vier Figuren zufrieden sind. Die gemeinsam erarbeitete Lösung tragen die Schüler unter Aufgabe 2 ein.

Lösung

Aufgabe 1:

z. B.

Aufgabe 2:

z. B. Beide Jungen haben sich für Lisa interessiert und waren eifersüchtig aufeinander. Kim gefällt Jan sofort. Jetzt müssen sich Jan und Timo nicht mehr um ein Mädchen streiten. Alle vier können miteinander befreundet sein.

Nach der Lektüre

Das Buch hat ein offenes Ende. Zwar haben die Jungen herausgefunden, mit wem sich Lisa am Nachmittag trifft, und die Stimmung der abschließenden Szene ist positiv, aber man erfährt nicht, wie es mit der Freundschaft der vier weitergeht. Zum Abschluss überlegen sich die Schüler in Partner- oder Gruppenarbeit eine Fortsetzung der Geschichte: Wie könnte sich das Verhältnis zwischen Jan, Timo, Lisa und Kim entwickeln? Bleiben die beiden Jungen beste Freunde? Treffen sich Jan und Lisa auch weiterhin? Oder unternehmen die Kinder jetzt nur noch etwas zu viert? Was könnten sie zusammen erleben? Lassen Sie die Schüler ihre Geschichten aufschreiben. Wer möchte, darf der Klasse seine Fortsetzung vorstellen.

Name:

Die Neue

Lies das 1. Kapitel und schreibe die fehlenden Wörter in die Kästchen. So ergibt sich unten ein Lösungswort.

1. [_ _ _4 _ _ _] blockiert das Bad. (Seite 7)
2. Papa liest [_11 _ _ _ _ _ _17]. (Seite 7)
3. Jan will niemals so viel duschen und mit [_ _ _ _ _9 _] telefonieren. (Seite 7)
4. Jans bester Freund heißt [_ _12 _ _]. (Seite 8)
5. Timo und Jan haben einen geheimen [_ _ _2 _ _ _ _7 _ _ _ _]. (Seite 8)
6. [_ _ _16 _ _ _ _] ist die „Oberzicke“ in der Klasse. (Seite 8)
7. Die neue Schülerin trägt [_ _ _ _ _ _ _3 _ _ _] Cowboystiefel. (Seite 9)
8. Lisa hat einen [_ _ _ _13 _] im Haar. (Seite 9)
9. Frau [_ _15 _ _] setzt [_ _ _8 _] auf Timos Platz. (Seite 10)
10. Im Unterricht geht es um [_1 _ _ _ _ _ _10 _] - [_ _ _6 _ _ _ _ _]. (Seite 11)
11. Jan hält die Neue für eine [_ _ _ _5 _ _ _ _ _]. (Seite 11)
12. Die Schüler sollen die [_ _ _ _ _ _ _ _14 _ _ _ _] aufschlagen. (Seite 12)

Lösungswort:

1	2	3	4	5	6	7	8	9	10	11	12	13	14	15	16	17

Name:

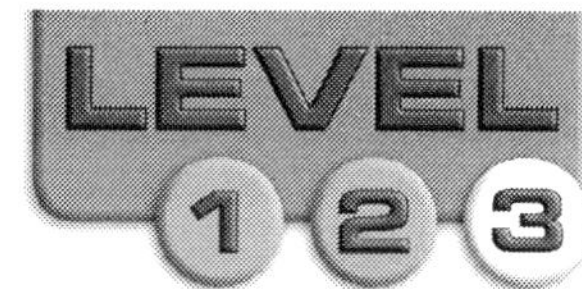

Die Neue

Lies das 1. Kapitel und schreibe die fehlenden Wörter in die Kästchen. So ergibt sich unten ein Lösungswort.

1. [ ] [ ] [4] [ ] [ ] [ ] blockiert das Bad.
2. Papa liest [11] [ ] [ ] [ ] [ ] [ ] [17].
3. Jan will niemals so viel duschen und mit [ ] [ ] [ ] [ ] [9] [ ] telefonieren.
4. Jans bester Freund heißt [ ] [12] [ ] [ ].
5. Timo und Jan haben einen geheimen [ ] [ ] [2] [ ] [ ] [ ] [7] [ ] [ ] [ ] [ ].
6. [ ] [ ] [16] [ ] [ ] [ ] [ ] ist die „Oberzicke“ in der Klasse.
7. Die neue Schülerin trägt [ ] [ ] [ ] [ ] [ ] [ ] [3] [ ] [ ] [ ] Cowboystiefel.
8. Lisa hat einen [ ] [ ] [ ] [13] [ ] im Haar.
9. Frau [ ] [15] [ ] [ ] setzt [ ] [ ] [8] [ ] auf Timos Platz.
10. Im Unterricht geht es um [1] [ ] [ ] [ ] [ ] [ ] [10] [ ] - [ ] [ ] [6] [ ] [ ] [ ] [ ] [ ].
11. Jan hält die Neue für eine [ ] [ ] [ ] [5] [ ] [ ] [ ] [ ] [ ].
12. Die Schüler sollen die [ ] [ ] [ ] [ ] [ ] [ ] [ ] - [14] [ ] [ ] [ ] [ ] aufschlagen.

Lösungswort:

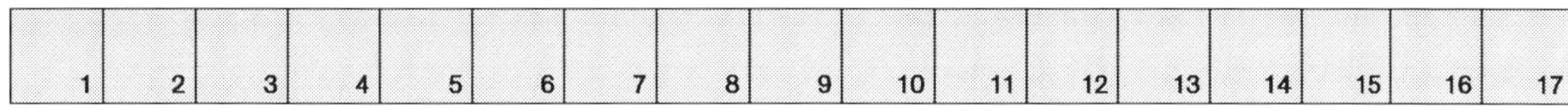

1	2	3	4	5	6	7	8	9	10	11	12	13	14	15	16	17

Name:

Jan und seine Familie

Ein ganz normaler Morgen in Jans Familie: Es herrscht Chaos. Wer macht was?

Verbinde die Namen mit den passenden Tätigkeiten und Gefühlszuständen.

Namen	Tätigkeiten und Gefühlszustände
Jan •	• blockiert das Bad
Niklas •	• ist von seinem Bruder genervt
Mama •	• grinst
Papa •	• hämmert gegen die Tür
	• macht sich auf den Weg zur Schule
	• schimpft über Handtücher am Boden
	• liest Zeitung
	• isst Cornflakes

Warum ist dieser Morgen doch nicht wie alle anderen? Schreibe einen ganzen Satz.

____

____

Name:

Ein besonderes Mädchen

Lies die Beschreibung von Lisa. Ein Satz kommt im Buch nicht vor. Streiche ihn durch.

Herein kommt ein Mädchen **mit klappernden Cowboystiefeln**. (...) Auf ihrem Kopf wippt ein **brauner Pferdeschwanz**. Darin sitzt ein **dicker, knallroter Käfer**. Ihr **Grinsen** reicht von einem Ohr zum anderen. Sie trägt **schmal geschnittene Jeans** und ein **enges T-Shirt**.

Male Lisa unten auf dem Blatt an und vervollständige das Bild.

Male nun Jan an und zeichne ihn fertig. Jan ist zunächst erstaunt über Lisas Aussehen. Was denkt er über Lisa, als nur sie im Unterricht mitschreibt? Lies auf Seite 11 nach und notiere seine Gedanken.

Name:

Ein besonderes Mädchen

Lies die Beschreibung von Lisa und markiere alle wichtigen Fakten farbig. Ein Satz kommt im Buch nicht vor. Streiche ihn durch.

Herein kommt ein Mädchen mit klappernden Cowboystiefeln. (...) Sie hat leuchtende Augen und oben auf ihrem Kopf wippt ein brauner Pferdeschwanz, in dem ein dicker, knallroter Käfer sitzt. Ihr Grinsen reicht von einem Ohr zum anderen. Sie trägt schmal geschnittene Jeans und ein kurzes, enges T-Shirt.

Male Lisa unten auf dem Blatt an und vervollständige das Bild.

Male nun Jan an und zeichne ihn fertig. Wie ist sein erster Eindruck von Lisa? Was denkt Jan, als nur sie im Unterricht mitschreibt? Notiere seine Gedanken in eigenen Worten.

Name:

Was ist eine Zicke?

Der Begriff „Zicke“ spielt eine wichtige Rolle im Buch und kommt sogar im Titel vor. Aber was ist das überhaupt?

Lies den Text. Kreise Wörter, die du nicht verstehst, mit Bleistift ein.

„Zicke“ ist ein abwertender Ausdruck, der besonders für Mädchen und Frauen benutzt wird, die aus der Sicht des Sprechers Schwierigkeiten (= Zicken) machen. Ursprünglich bezeichnet das Wort „Zicke“ eine weibliche Ziege. Eine Ziege gilt als störrisch und eigensinnig. Bedeutsam ist auch, dass Ziegen meckern – so nennt man es, wenn sie Laute von sich geben. Wenn Menschen „meckern“, bedeutet das umgangssprachlich, dass sie sich beklagen oder über etwas schimpfen. Eine „Zicke“ hält der Sprecher für störrisch, eigensinnig, arrogant oder launisch.

Markiere die folgenden Fragen mit drei unterschiedlichen Farben. Unterstreiche dann die entsprechenden Antwortstellen im Text.

1. Was bedeutet das Wort „Zicke“ ursprünglich?
2. Warum dient die Ziege als Namensgeberin für dieses Schimpfwort?
3. Welche Eigenschaften schreibt man einem Mädchen zu, das als „Zicke“ bezeichnet wird?

Sprich mit deinem Partner: Wen bezeichnet Jan mit dem Begriff „Zicke“? Wie findet ihr es, ein Mädchen so zu nennen?

Name:

Im Schilderwald

Jan und seine Klassenkameraden üben für die Fahrradprüfung.

Bastle ein Schilderbuch, damit auch du im Straßenverkehr sicher unterwegs bist.

1. Male die Schilder in den richtigen Farben aus.
2. Schneide die Kärtchen unten aus und klebe sie passend auf.
3. Schneide dann die Seiten aus. Lege sie übereinander und hefte sie am linken Rand zusammen.

✂

Mein Schilderbuch

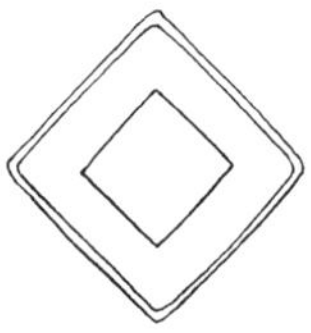

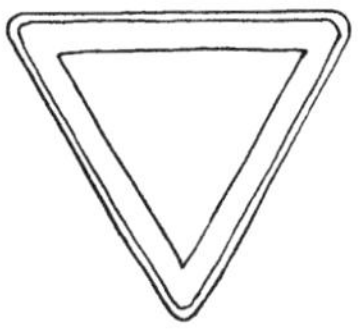

STOP

✂

Verbot für Fahrräder	Radweg	Vorfahrt gewähren!	Fußgängerüberweg
Achtung, Baustelle!	Halt, Vorfahrt gewähren!	Vorfahrtsstraße	Gehweg

Name:

Das Telefon läuft heiß

Beantworte die Fragen zum 2. Kapitel mit jeweils einem Wort. Suche die Antwort im Gitterrätsel und markiere sie. Die Anfangsbuchstaben sind schon hervorgehoben. Schreibe das Wort dann auf die Linie.

1. Wie heißt Jans Familie mit Nachnamen? ______________________
2. Wer ruft als Erstes an? ______________________
3. Was hat Timo im Krankenhaus bekommen? ______________________
4. Womit wollen die beiden Jungen spielen? ______________________
5. Was muss Jan beschriften? ______________________
6. Wer schleudert Jan das Telefon entgegen? ______________________
7. Wer ruft nach Timo an? ______________________
8. Wobei braucht Lisa Hilfe? ______________________
9. Wer ruft als Letztes an? ______________________

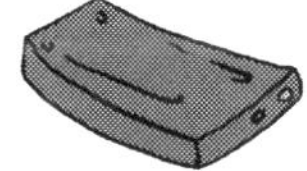

G	R	F	L	S	A	Q	**G**	Z	U	W	N
L	I	S	A	M	O	Y	E	L	B	R	**F**
O	H	E	P	X	V	I	H	P	D	S	A
H	A	U	S	A	U	F	G	A	B	E	H
M	N	R	Q	R	C	F	I	H	S	P	R
A	I	S	L	**C**	O	M	P	U	T	E	R
N	F	P	W	E	N	C	S	B	U	K	A
N	G	T	A	V	B	A	H	R	W	X	D
Y	V	P	L	U	L	P	S	F	K	I	U
D	A	Z	I	K	H	U	E	T	G	L	N
P	M	F	I	Z	B	K	D	S	V	T	M
T	K	**N**	N	F	**T**	I	M	O	S	D	O
Z	A	B	K	S	R	F	E	L	I	S	R

Name:

Das Telefon läuft heiß

Beantworte die Fragen zum 2. Kapitel mit jeweils einem Wort. Suche die Antwort im Gitterrätsel und markiere sie. Schreibe sie dann auf die Linie.

1. Wie heißt Jans Familie mit Nachnamen? ____________________
2. Wer ruft als Erstes an? ____________________
3. Was hat Timo im Krankenhaus bekommen? ____________________
4. Womit wollen die beiden Jungen spielen? ____________________
5. Was muss Jan beschriften? ____________________
6. Wer schleudert Jan das Telefon entgegen? ____________________
7. Wer ruft nach Timo an? ____________________
8. Wobei braucht Lisa Hilfe? ____________________
9. Wer ruft als Letztes an? ____________________

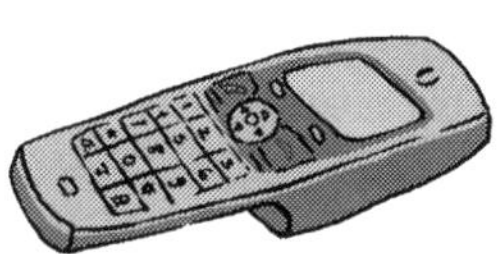

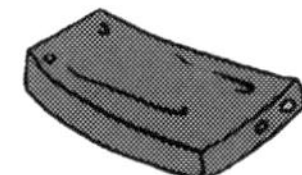

G	R	F	L	S	A	Q	G	Z	U	W	N
L	I	S	A	M	O	Y	E	L	B	R	F
O	H	E	P	X	V	I	H	P	D	S	A
H	A	U	S	A	U	F	G	A	B	E	H
M	N	R	Q	R	C	F	I	H	S	P	R
A	I	S	L	C	O	M	P	U	T	E	R
N	F	P	W	E	N	C	S	B	U	K	A
N	G	T	A	V	B	A	H	R	W	X	D
Y	V	P	L	U	L	P	S	F	K	I	U
D	A	Z	I	K	H	U	E	T	G	L	N
P	M	F	I	Z	B	K	D	S	V	T	M
T	K	N	N	F	T	I	M	O	S	D	O
Z	A	B	K	S	R	F	E	L	I	S	R

Name:

Zwei Telefongespräche

Lest die Gespräche zu zweit mit verteilten Rollen. Unterstreicht Wörter, die ihr betonen wollt. Spielt die Szenen euren Mitschülern vor.

Jan *(freudig)*	Hey, wie geht's?
Timo *(fröhlich)*	Super, dass du gestern da warst. Und weißt du das Neuste? Morgen darf ich wieder in die Schule – mit Gehgips.
Jan *(begeistert)*	Cool.
Timo *(erwartungsvoll)*	Kommst du nachher vorbei? Wir können was am Computer spielen.
Jan	Okay. Ich muss nur noch das Fahrrad im Arbeitsheft beschriften.

Jan	Hallo, Timo. Was ist noch?
Lisa	Hast du deine Hausaufgaben schon gemacht?
Jan *(verblüfft)*	Äh … Bist du das, Lisa?
Lisa	Timo bin ich jedenfalls nicht. Ich blick bei dem Fahrrad nicht durch. Kannst du mir helfen?
Jan *(schüchtern)*	Äh, ja, ich kann dir helfen.
Lisa *(freudig)*	Dann komm ich jetzt gleich bei dir vorbei.
Jan *(gedämpft)*	Ich komme besser bei dir vorbei.

Wie klingt Jan, wenn er mit Timo spricht? Warum verändert sich seine Stimme, als Lisa am Telefon ist? Schreibe auf.

Name:

Achtung, Pubertät!

Jans großer Bruder Niklas ist mitten in der Pubertät.

Lies den Text über diese Lebensphase.

Die Zeit, in der man sich **vom Kind zum Erwachsenen** entwickelt, nennt man Pubertät. Das Wort kommt aus dem Lateinischen und heißt übersetzt **„Geschlechtsreife"**. Während der Pubertät **verändert sich der Körper**. **Hormone** steuern diese Veränderungen und sorgen dafür, dass Jungen zu Männern und Mädchen zu Frauen werden.

Viele Jugendliche fühlen sich in dieser Lebensphase **unwohl in ihrem Körper**. Die Hormone beeinflussen auch ihr Gefühlsleben. Es kann sein, dass sie verstärkt unter **Stimmungsschwankungen, Reizbarkeit und schlechter Laune** leiden. Das führt oft zu **Streit mit Eltern und Geschwistern**. **Gleichaltrige Freunde** werden häufig **zu engen Vertrauten**.

Trotz der Schwierigkeiten ist die Pubertät eine **aufregende Zeit**, die viele Überraschungen bereithält. Meistens fällt in diesen Lebensabschnitt auch **das erste Verliebtsein**.

Nimm drei Karteikarten und schreibe auf jede ein fett gedrucktes Wort oder eine Aussage aus dem Text, die du wichtig findest. Sprich mit deinem Partner darüber, warum ihr diese Begriffe gewählt habt.

Woran merkt man, dass Niklas in der Pubertät ist? Notiere drei Beispiele aus dem 2. Kapitel.

Name:

Achtung, Pubertät!

Jans großer Bruder Niklas ist mitten in der Pubertät.

Lies den Text über diese Lebensphase.

Die Zeit, in der sich die Entwicklung vom Kind zum Erwachsenen vollzieht, nennt man Pubertät. Das Wort kommt aus dem Lateinischen und heißt übersetzt „Geschlechtsreife“. Während der Pubertät treten körperliche Veränderungen auf, die jeder Mensch einmal durchläuft. Sie werden von Hormonen gesteuert und sorgen dafür, dass sich Jungen zu Männern und Mädchen zu Frauen entwickeln. Jungen wächst beispielsweise ein Bart und die Körperbehaarung nimmt insgesamt zu. Auch Mädchen bekommen Haare in den Achselhöhlen und im Schambereich. Bei allen verändern sich die Geschlechtsorgane.

Viele Jugendliche fühlen sich in dieser Lebensphase unwohl in ihrem Körper und kämpfen mit Selbstzweifeln. Da die Hormone auch Einfluss auf das Gefühlsleben haben, kann es sein, dass sie verstärkt unter Stimmungsschwankungen, Reizbarkeit und schlechter Laune leiden. Das führt oft zu Streit mit Eltern und Geschwistern. Während man sich von der Familie (insbesondere von den Eltern) eher entfernt, werden gleichaltrige Freunde häufig zu engen Vertrauten.

Trotz der Schwierigkeiten ist die Pubertät eine aufregende Zeit, die viele Überraschungen bereithält. Meistens fällt in diesen Lebensabschnitt auch das erste Verliebtsein.

Nimm drei Karteikarten und schreibe auf jede ein Wort oder eine Aussage aus dem Text, die du wichtig findest. Sprich mit deinem Partner darüber, warum ihr diese Begriffe gewählt habt.

Woran merkt man, dass Niklas in der Pubertät ist? Notiere sechs Beispiele aus den ersten beiden Kapiteln.

Name:

Der geheime Baum

Schneide die Satzstreifen aus. Lege sie in der richtigen Reihenfolge auf ein Blatt Papier und klebe sie dann auf.

✂

In ihrem Zimmer zeigt Lisa Jan ihr lustiges Bild
von Frau Muth auf einem Fahrrad.
Jan zeichnet für Lisa ein ganz normales Fahrrad.

Jan kennt einen geheimen Ort.
Er führt Lisa zum Kletterbaum.

Lisa nimmt Jan mit in ihr Zimmer.

Lisa traut sich nicht hochzuklettern.
Die beiden sitzen auf der Wurzel darunter.

Lisas Schwestern Pia und Mia öffnen Jan die Tür.

Jan erzählt Lisa von seinem Bruder.

Die Zwillinge lassen Jan und Lisa nicht in Ruhe.
Deshalb gehen die beiden aus dem Haus.

Name:

Der geheime Baum

Schneide die Satzstreifen aus. Lege sie in der richtigen Reihenfolge auf ein Blatt Papier und klebe sie dann auf.

✂

Zum ersten Mal in seinem Leben hat ein Mädchen Jan angerufen.

Jan und Lisa gehen aus dem Haus,
weil die Zwillinge sie nicht in Ruhe lassen.

Jan gefällt, wie Lisa lacht,
wenn er ihr von seinem Bruder erzählt.

Zwei kleine Mädchen öffnen ihm die Tür.
Es sind Lisas Schwestern Pia und Mia.

Lisa zeigt Jan ihr lustiges Bild von Frau Muth auf einem Fahrrad.
Jan zeichnet für Lisa ein ganz normales Fahrrad.

Lisa traut sich nicht hochzuklettern.
Die beiden sitzen auf der Wurzel darunter.

Nun steht er zum ersten Mal vor dem Haus,
in dem das Mädchen wohnt.

Lisa nimmt Jan mit in ihr Zimmer.
Ihr Schreibtisch ist genauso unordentlich wie der von Jan.

Jan kennt einen geheimen Ort.
Er führt Lisa zum Kletterbaum.

Name:

Mein Fahrrad ist verkehrssicher

Lisa hat Probleme mit der Hausaufgabe zur Vorbereitung auf die Fahrradprüfung. Weißt du, welche Teile ein Fahrrad haben muss, damit es verkehrssicher ist?

Trage die passenden Zahlen in die Kreise ein. Auf dem Bild fehlt ein Teil. Ergänze es.

1. Klingel
2. Handbremse
3. Sattel
4. Rahmen
5. Reifen
6. Dynamo
7. Scheinwerfer mit Frontstrahler
8. Felge
9. Ventil
10. Speichen
11. Speichenreflektor
12. Pedal
13. Pedalreflektor
14. Kette
15. Rücklicht mit Rückstrahler
16. roter Rückstrahler
17. Gepäckträger
18. Fahrradschloss

Rückstrahler = Reflektor

Name:

Fünf Fakten über Geschwister

Es gibt verschiedene Studien über Geschwister, die Erstaunliches herausgefunden haben.

Lies die Aussagen. Male grün an, was du dir gut erklären kannst, und rot, was dir nicht schlüssig erscheint.

Schlauer
Der Intelligenzquotient (IQ) von Erstgeborenen ist durchschnittlich etwas höher als der ihrer jüngeren Geschwister.

Seltener
Kinder in Deutschland haben immer seltener einen Bruder oder eine Schwester. Sie sind Einzelkinder.

Streitsüchtig
Geschwister streiten sich dauernd – wenn sie klein sind, bis zu dreimal pro Stunde! Dabei lernen sie aber, mit anderen auszukommen, sodass sie mit zunehmendem Alter deutlich weniger aneinandergeraten.

Risikofreudiger
Risikosportarten werden häufiger von jüngeren Geschwistern ausgeübt.

Sportlicher
Jungen mit älteren Geschwistern sind häufiger Mitglieder einer Sportmannschaft oder eines Vereins als Mädchen mit älteren Geschwistern.

Name:

Jan, Timo und Lisa

Hast du die ersten drei Kapitel gründlich gelesen? Dann kannst du dieses Rätsel sicher lösen.

Wahr oder falsch? Markiere den richtigen Buchstaben farbig.

	wahr	falsch
1. Jan ist von seinem Bruder Niklas ziemlich genervt.	G	Z
2. Timo hat sich beim Fahrradfahren das Bein gebrochen.	A	E
3. Jan ist begeistert, dass sich die neue Schülerin neben ihn setzt.	R	H
4. Lisa trägt eine Haarspange in Form eines Marienkäfers.	E	S
5. Timo ruft an und lädt Jan zum Computerspielen ein.	I	T
6. Als Lisa anruft, ist Jan bereits fertig mit den Hausaufgaben.	N	M
7. Jan geht lieber zu Lisa, weil Mama und Niklas sich so laut streiten.	E	U
8. Lisas Schwestern heißen Pia und Lia.	H	N
9. Zu Hause trägt Lisa ein weißes Kleid mit blauen Punkten.	O	B
10. Jan und Lisa sind sich einig: Geschwister nerven!	A	R
11. Lisa klettert gern auf Bäume.	I	U
12. Jan findet Lisas Schmetterlingslachen anstrengend.	T	M

Trage die Buchstaben der Reihe nach ein. Wenn deine Antworten richtig sind, erhältst du einen Lösungssatz.

Lisa und Jan unterhalten sich am

1	2	3	4	5	6	7	8

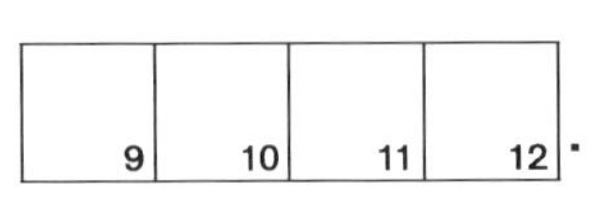

.

Name:

Stress mit Timo

Jan ist spät dran, weil er am Morgen zu lange im Bad gebraucht hat. Als er ins Klassenzimmer kommt, stellt er überrascht fest, dass sein Freund Timo wieder da ist – allerdings mit ziemlich schlechter Laune.

Welche Gedanken beschäftigen Timo? Schreibe auf.

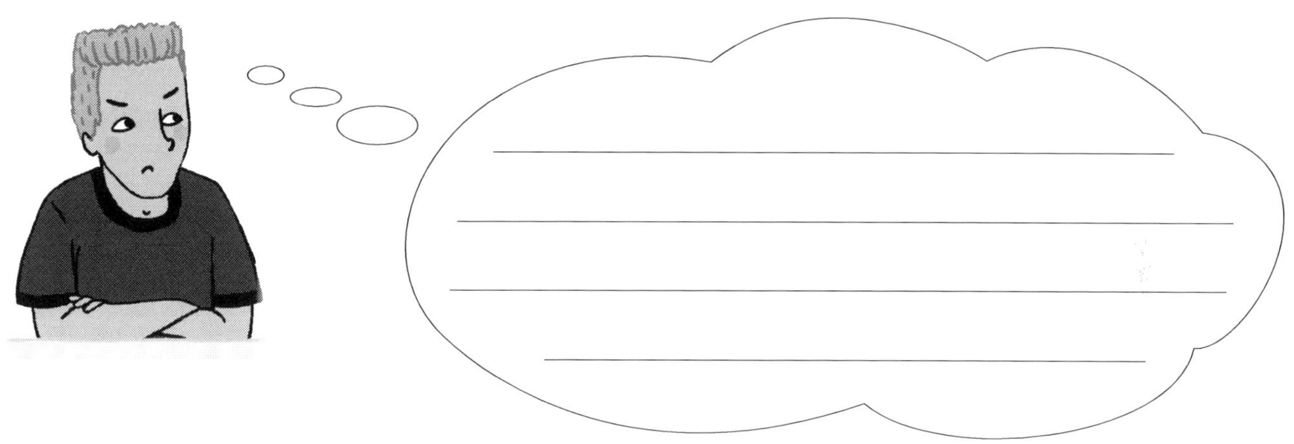

Lies den Text und schreibe die folgenden Wörter in die Lücken.

Hilfe Niklas starrt versetzt ständig Timo Tür Hölle

Timo sitzt auf seinem Platz. Er ist verärgert, weil Jan ihn am Vortag ______________ hat.

„Wonach riechst'n du?", fragt ______________.

Jan rückt ein bisschen von ihm ab. „______________ hat gestern totalen Stress gemacht", murmelt er. „Es war echt die ______________ los."

„Na und?", entgegnet Timo. „Bei euch ist doch ______________ die Hölle los."

Da kommt Lisa und bedankt sich bei Jan für seine ______________ bei der Hausaufgabe.

Jetzt weiß Timo, was los ist. Erst ______________ er Jan nur an. Dann sagt er: „Komm mal mit vor die ______________. Wir haben was zu klären."

Name:

Stress mit Timo

Jan ist spät dran. Als er ins Klassenzimmer kommt, stellt er überrascht fest, dass sein Freund Timo wieder da ist – allerdings mit ziemlich schlechter Laune.

Welche Gedanken beschäftigen Timo? Schreibe auf.

Lies den Text und schreibe die folgenden Wörter in die Lücken.

Hilfe Niklas starrt rückt versetzt ständig
Timo finsteres Tür Hölle Lisa

Timo sitzt auf seinem Platz und macht ein ________________ Gesicht. Er ist verärgert, weil Jan ihn am Vortag ________________ hat.

„Wonach riechst'n du?“, fragt ________________.

Jan ________________ ein bisschen von ihm ab. „________________ hat gestern totalen Stress gemacht“, murmelt er. „Es war echt die ________________ los.“

„Na und?“, entgegnet Timo. „Bei euch ist doch ________________ die Hölle los.“

Da kommt ________________ und bedankt sich bei Jan für seine ________________.

Jetzt weiß Timo, was los ist. Erst ________________ er Jan nur an. Dann sagt er: „Komm mal mit vor die ________________, wir haben was zu klären.“

Name:

Gefühlsuhr

Die Kinder im Buch durchleben ganz unterschiedliche Gefühle: Zuneigung und Freude ebenso wie Wut und Eifersucht. Auch du fühlst dich nicht immer gleich.

Bastle dir eine Gefühlsuhr. Hänge sie an deiner Zimmertür auf und stelle sie immer so ein, wie du dich gerade fühlst. Dann wissen deine Familienmitglieder genau, was sie erwartet.

Du brauchst:

- Buntstifte
- Schere
- Karton
- Klebstoff
- Nadel
- Musterbeutelklammer
- Schnur
- Tesafilm

So geht's:

1. Male zu den einzelnen Stimmungen jeweils ein passendes Bild.
2. Schneide die Uhr und den Zeiger aus.
3. Klebe die Uhr und den Zeiger auf einen Karton und schneide sie aus.
4. Stich mit einer Nadel ein Loch durch den Zeiger und durch die Mitte der Uhr.
5. Befestige den Zeiger mit der Musterbeutelklammer an der Uhr.
6. Schneide ein Stück Schnur ab und klebe es mit Tesafilm auf die Rückseite der Uhr.
7. Hänge die Uhr mit der Schnur außen an deiner Zimmertür auf.

✂

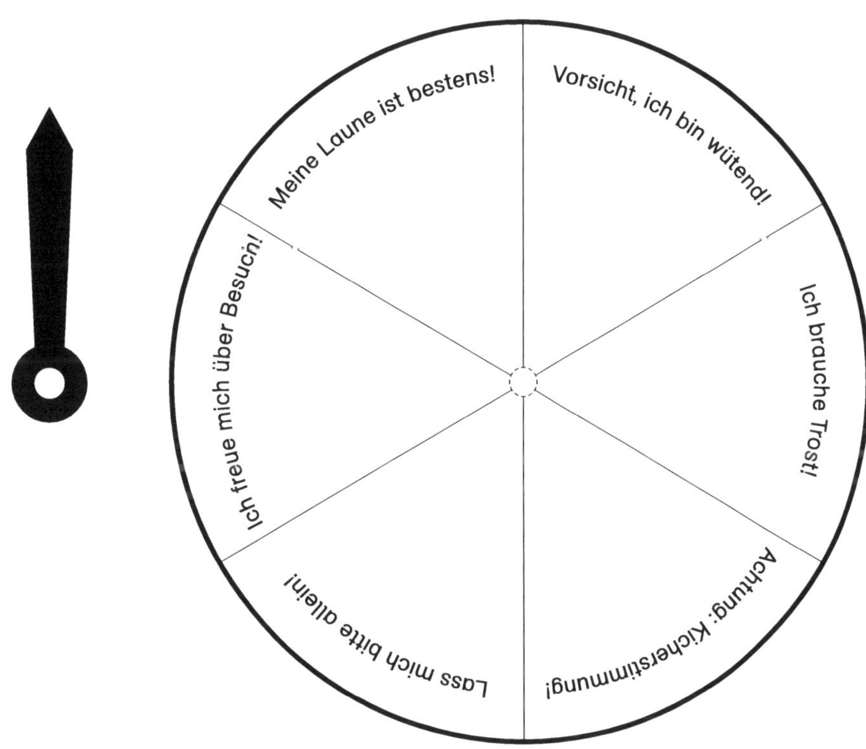

Name:

Der Wettkampf

Lies das 5. Kapitel. Kreuze jeweils die richtige Antwort an. Die Silben dahinter ergeben einen Lösungssatz. Trage ihn unten ein.

1. Wer ruft wen an? (Seite 30)

- [ ] Jan ruft Lisa an. (Mit)
- [ ] Timo ruft Jan an. (Wer)
- [ ] Jan ruft Timo an. (Wo)

2. Wer geht ans Telefon? (Seite 30)

- [ ] Lisas Bruder. (hat)
- [ ] Lisas Mutter. (soll)
- [ ] Lisas Schwester. (wem)

3. Was tun Lisa und Timo? (Seite 30)

- [ ] Hausaufgaben machen. (tut)
- [ ] Computer spielen. (trifft)
- [ ] Fahrrad fahren. (macht)

4. Wen fragt Jan um Rat? (Seite 31)

- [ ] Seine Mutter. (nun)
- [ ] Seinen Bruder. (sich)
- [ ] Seinen Freund. (hat)

5. Wie beeindruckt Niklas ein Mädchen? (Seite 31/32)

- [ ] Top aussehen und Haare stylen. (Li)
- [ ] Sweatshirts mit Mickymaus. (Jan)
- [ ] Gestylte Haare und viel Parfum. (Ti)

6. Was tut Jan am nächsten Morgen? (Seite 32/33)

- [ ] Er geht mit Timo zur Schule. (mo)
- [ ] Jan holt Lisa von zu Hause ab. (sa)
- [ ] Er ruft Lisa an. (ma)

7. Was rufen die Mädchen nicht? (Seite 34)

- [ ] „Das Liebespaar!“ (im)
- [ ] „Das Hochzeitspaar!“ (um)
- [ ] „Das Ehepaar!“ (am)

8. Wozu verabredet sich Jan mit Lisa? (Seite 35)

- [ ] Zum Fahrradfahren. (Nach)
- [ ] Zum Schwimmen. (Vor)
- [ ] Zum Lernen. (Zeit)

9. Warum staunen die Mitschüler? (Seite 35)

- [ ] Timo stellt Jan ein Bein. (mal)
- [ ] Jan hilft Lisa in Mathe. (lus)
- [ ] Es gibt einen Wettkampf um Lisa. (mit)

10. Womit überrascht Lisa die Jungen? (Seite 36)

- [ ] Sie trifft sich mit jemand anderem. (tag)
- [ ] Sie verabredet sich gar nicht mehr. (ten)
- [ ] Lisa trifft sich nur noch mit Jan. (tig)

Lösungssatz: ____?

Name:

Der Wettkampf

Lies das 5. Kapitel. Kreuze jeweils die richtige Antwort an. Die Silben dahinter ergeben einen Lösungssatz. Trage ihn unten ein.

1. Wer ruft wen an?

- [ ] Jan ruft Lisa an. (Mit)
- [ ] Timo ruft Jan an. (Wer)
- [ ] Jan ruft Timo an. (Wo)

2. Wer geht ans Telefon?

- [ ] Lisas Bruder. (hat)
- [ ] Lisas Mutter. (soll)
- [ ] Lisas Schwester. (wem)

3. Was tun Lisa und Timo?

- [ ] Hausaufgaben machen. (tut)
- [ ] Computer spielen. (trifft)
- [ ] Fahrrad fahren. (macht)

4. Wen fragt Jan um Rat?

- [ ] Seine Mutter. (nun)
- [ ] Seinen Bruder. (sich)
- [ ] Seinen Freund. (hat)

5. Wie beeindruckt Niklas ein Mädchen?

- [ ] Top aussehen und Haare stylen. (Li)
- [ ] Sweatshirts mit Mickymaus. (Jan)
- [ ] Gestylte Haare und viel Parfum. (Ti)

6. Was tut Jan am nächsten Morgen?

- [ ] Er geht mit Timo zur Schule. (mo)
- [ ] Jan holt Lisa von zu Hause ab. (sa)
- [ ] Er ruft Lisa an. (ma)

7. Was rufen die Mädchen nicht?

- [ ] „Das Liebespaar!“ (im)
- [ ] „Das Hochzeitspaar!“ (um)
- [ ] „Das Ehepaar!“ (am)

8. Wozu verabredet sich Jan mit Lisa?

- [ ] Zum Fahrradfahren. (Nach)
- [ ] Zum Schwimmen. (Vor)
- [ ] Zum Lernen. (Zeit)

9. Welcher Satz stimmt nicht?

- [ ] Jan spielt mit Lisa Tischtennis. (mal)
- [ ] Timo geht mit Lisa ins Kino. (lus)
- [ ] Jan hilft Lisa in Mathe. (mit)

10. Womit überrascht Lisa die Jungen?

- [ ] Sie trifft sich mit jemand anderem. (tag)
- [ ] Sie verabredet sich gar nicht mehr. (ten)
- [ ] Lisa trifft sich nur noch mit Jan. (tig)

Lösungssatz: ____?

Name:

Piepsen, rufen, brüllen

Lies die Sätze aus dem 5. Kapitel und unterstreiche die Verben, die zum Wortfeld „sagen“ gehören.

1. „Wer bist du denn?“, piepst die Minizicke.
2. „Nerv mich nicht, Kleiner“, zischt Niklas gereizt.
3. „Und was soll ich mit ihr machen?“, fragt Jan.
4. „Ich weiß schon was!“, ruft Jan und sprintet zur Tür.
5. „Jan und Lisa, das Liebespaar!“, schreit Vanessa.

Ordne folgende Verben in die Tabelle ein.

prusten seufzen zischen

piepsen rufen stöhnen

scherzen schreien jubeln

brüllen flüstern knurren

schimpfen murmeln klagen

laut sagen	leise sagen	froh oder glücklich sagen	böse oder wütend sagen	besorgt oder unglücklich sagen

Name:

LEVEL 1 2 3

Eiskalt abgehängt

Mit Adjektiven beschreibst du Personen oder Gegenstände. Manche Adjektive kannst du mit einem Nomen zusammensetzen, damit ihre Bedeutung noch anschaulicher wird.

Verbinde die Wörter, die zusammen ein neues Adjektiv bilden. Schreibe die Begriffe auf.

Messer •	• artig	=	___
Blitz •	• reich	=	___
Fels •	• scharf	=	___
Kirsche •	• kalt	=	___
Sonne •	• rot	=	___
Schnee •	• klar	=	___
Pfeil •	• fest	=	___
Eis •	• weiß	=	___
Stein •	• schnell	=	___

Zwei Wörter aus Aufgabe 1 kommen im 5. Kapitel vor. Setze sie ein.

Timo hat Jan ______________ abgehängt. (Seite 31)

Da hat Jan einen ______________ Einfall. (Seite 32)

Name:

Typisch Mädchen – typisch Junge?

Jan grübelt, seit wann sich Mädchen für Computerspiele interessieren (Seite 31).

Was ist deiner Meinung nach typisch für Mädchen und für Jungen? Schneide die Kärtchen aus und klebe sie in die entsprechende Spalte.

Typisch Mädchen	Typisch Junge

✂

gut Fußball spielen	viel Zeit im Bad verbringen	Ohrringe tragen	oft andere ärgern
gern Bücher lesen	gut rechnen können	viel lernen	gut zeichnen können
ängstlich sein	mutig sein	zickig sein	ordentlich sein
oft angeben	sportlich sein	kurze Haare haben	lange Haare haben
viel telefonieren	gut kochen können	viel Zeit am PC verbringen	sich mit Technik auskennen

Name:

Was denkt eigentlich Lisa?

Jan und Timo übertreffen sich gegenseitig mit ihren Ideen für Unternehmungen. Aber wie geht es wohl Lisa dabei? Genießt sie die Aufmerksamkeit? Oder ist sie eher genervt? Mag sie beide Jungen gleich gern?

Schreibe Lisas Gedanken auf.

Name:

Vier unter dem Kletterbaum

Lies das 6. Kapitel und trage die Antworten in Großbuchstaben ein.

Jan kann es nicht fassen, dass Lisa mit jemand anderem verabredet ist. Er ist … (2)
Das soll Jan vorlesen. (3)
Das hat Jan vergessen. (8)
Zu Mittag gibt es bei Timo … (9)
Das braucht Timo zum Laufen. (6)
Unter dem Kletterbaum ist eine geheime … (10)
Dass Jan Lisa den geheimen Treffpunkt gezeigt hat, war … (11)
Jan und Timo verstecken sich hinter den … (4)
Diese Farbe hat die Haustür. (7)
Dort ist Lisa. (5)
So heißt Lisas neue Freundin. (1)

1 →											M			
2 →			S	P										
3 →												C	H	
4 →							L	L						
5 →	S	P												
6 →							C	K						
7 →											T			
8 →						S	C	H						
9 →							Z	Z						
10 →										R	Z			
11 →										E	I			

Lösungswort:

1	2	3	4	5	6	7	8	9	10	11

Name:

Vier unter dem Kletterbaum

Lies das 6. Kapitel und trage die Antworten in Großbuchstaben ein.

Jan kann es nicht fassen, dass Lisa mit jemand anderem verabredet ist. Er ist … (2)
Das soll Jan vorlesen. (3)
Das hat Jan vergessen. (8)
Zu Mittag gibt es bei Timo … (9)
Timo stakst in … durch das Wäldchen. (6)
Unter dem Kletterbaum ist eine geheime … (10)
Dass Jan Lisa den geheimen Treffpunkt gezeigt hat, war … (11)
Jan und Timo verstecken sich hinter den … (4)
Diese Farbe hat die Haustür. (7)
Dort ist Lisa. (5)
So heißt Lisas neue Freundin. (1)

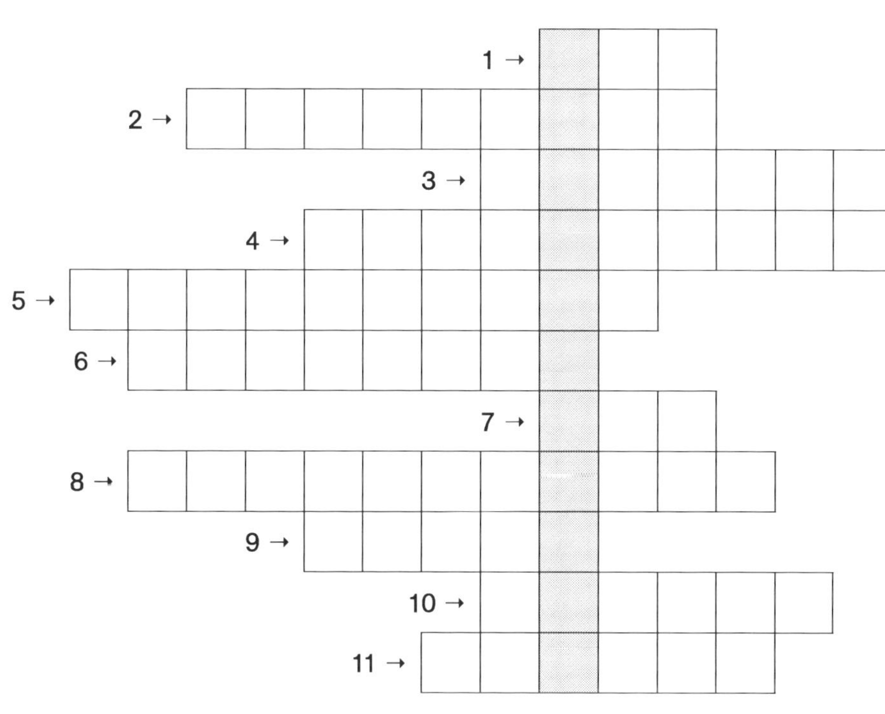

Lösungswort:

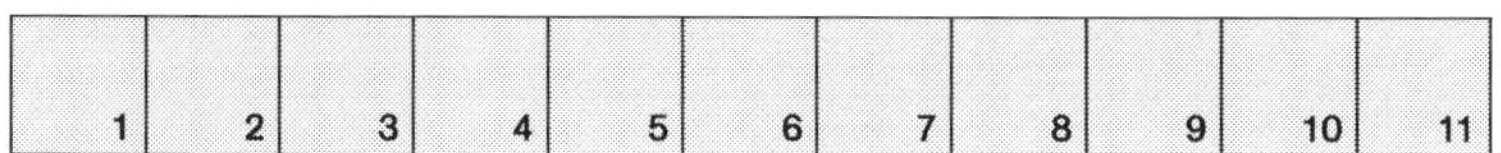

Name:

Großvateruhr und Porzellantiere

Lies den Text und unterstreiche alle zusammengesetzten Nomen farbig.

An der Wand tickt eine Großvateruhr, im Schrank stehen lauter Porzellantiere und aus tausend Bilderrahmen grinsen ihn irgendwelche Onkel, Tanten, Cousinen und Cousins an.

Ein zusammengesetztes Nomen ist ein neu gebildetes Nomen aus zwei Wörtern. Es kann nicht nur aus zwei Nomen bestehen, sondern auch aus einem Verb und einem Nomen oder einem Adjektiv und einem Nomen. Der erste Wortteil ist das Bestimmungswort: Es bestimmt das Grundwort genauer.

Bilde aus den folgenden Wörtern neun zusammengesetzte Nomen und ordne sie richtig in die Tabelle ein.

Sonne Fahrrad Computer Weg Blume Maus

lesen schreiben schwimmen Bad Tisch Buch

stumm hoch schnell Straße Film Haus

Nomen + Nomen	Verb + Nomen	Adjektiv + Nomen

Name:

LEVEL 1 2 3

Fast geplatzt?!

Auf Seite 40 steht über Timos Geschwindigkeit mit seinem Gipsbein: „Timo braucht Jahrhunderte für den Weg zum Kletterbaum."

Notiere, was gemeint ist.

Die Übertreibung ist ein Stilmittel, das einen Text für den Leser anschaulicher macht. Manchmal ist die Aussage so übertrieben, dass sie komisch wirkt.

Lies die Sätze. Markiere alle Übertreibungen farbig.

1. Ich wäre vor Glück fast geplatzt, als sie mich anlächelte.
2. Er weinte ein Meer aus Tränen.
3. Ich könnte einen Elefanten verspeisen.
4. Wegen des Streiches war er zu Tode beleidigt.
5. Heute könnte ich Berge versetzen.

Formuliere die Sätze so um, dass die Übertreibung wegfällt. Schreibe in dein Heft.

Ersetze das unterstrichene Wort durch eine Übertreibung.

1. Das haben wir schon <u>oft</u> besprochen.

2. Beim Arzt musste ich <u>lange</u> warten.

Name:

Rund um die Liebe

Diese Wörter gehören zur Wortfamilie „Liebe". Kreise den gemeinsamen Wortstamm mit Bleistift ein.

verlieben lieb Liebesbrief liebevoll Liebling

Suche mit deinem Partner drei weitere Wörter und schreibe sie auf.

Lies den Text.

Es gibt unterschiedliche Arten von Liebe. Aber eigentlich bedeutet sie immer dasselbe: einander schätzen und eine starke Zuneigung spüren. **Liebe in der Familie** drückt sich durch ein intensives Gefühl der Zusammengehörigkeit über mehrere Generationen hinweg aus. In einer **Partnerschaft** fühlt man sich zusätzlich körperlich zueinander hingezogen. Auch gegenüber **guten Freunden**, mit denen man gern Zeit verbringt, kann man Liebe empfinden.

Male folgende Begriffe in drei unterschiedlichen Farben an. Erkläre deinem Partner mithilfe des Textes, was damit gemeint ist.

Liebe in der Familie | Liebe in der Partnerschaft | Liebe unter Freunden

Überlege, welche Wörter in Aufgabe 1 besonders gut zu welcher Art von Liebe passen. Kreise sie in der jeweiligen Farbe ein.

Name:

Rund um die Liebe

Die Wortfamilie „Liebe“ ist groß. Suche mit deinem Partner acht passende Begriffe und schreibe sie auf.

Kreise den gemeinsamen Wortstamm mit Bleistift ein.

Lies den Text.

Es gibt unterschiedliche Arten von Liebe. Aber eigentlich bedeutet sie immer dasselbe: einander schätzen und eine starke Zuneigung spüren. Liebe in der Familie drückt sich durch ein intensives Gefühl der Zusammengehörigkeit über mehrere Generationen hinweg aus. In einer Partnerschaft fühlt man sich zusätzlich körperlich zueinander hingezogen. Auch gegenüber guten Freunden, mit denen man gern Zeit verbringt und die immer ein offenes Ohr haben, kann man Liebe empfinden.

Male folgende Begriffe in drei unterschiedlichen Farben an. Erkläre deinem Partner mithilfe des Textes, was damit gemeint ist.

Liebe in der Familie | Liebe in der Partnerschaft | Liebe unter Freunden

Lies noch einmal die Wörter, die du oben gesammelt hast. Überlege, was besonders gut zu welcher Art von Liebe passt. Kreise die Wörter in der jeweiligen Farbe ein.

Name:

Vier Freunde

Lisa stellt den beiden Jungen ihre Freundin Kim vor. Zu viert streifen sie durch das Wäldchen und setzen sich auf die geheime Wurzel unter dem Kletterbaum.

Schreibe auf, was den Kindern durch den Kopf gehen könnte.

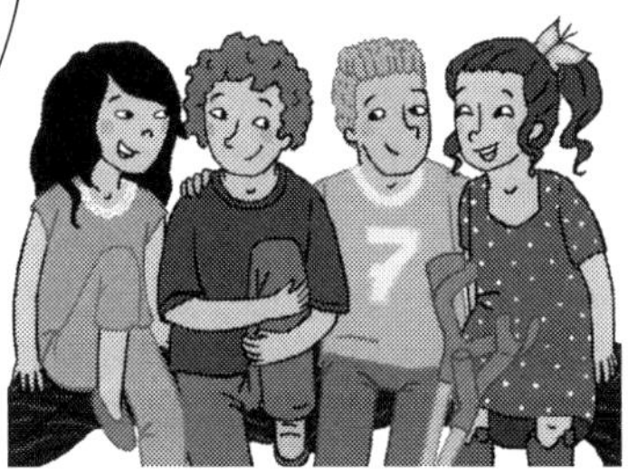

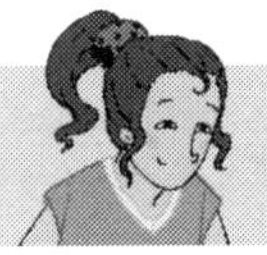

Warum sind am Ende alle zufrieden? Notiere.

